초판 1쇄 인쇄 2020년 8월 14일
초판 1쇄 발행 2020년 8월 20일

지은이 김소라

펴낸이 강기원
펴낸곳 도서출판 이비컴

편 집 김수현
표 지 호기심고양이
마케팅 박선왜

주 소 (02635) 서울 동대문구 천호대로81길 23, 201호
전 화 02)2254-0658 **팩스** 02)2254-0634
등록번호 제6-0596호(2002.4.9)
전자우편 bookbee@naver.com
I S B N 978-89-6245-181-8 (13370)

ⓒ 김소라, 2020

「이 도서의 국립중앙도서관 출판예정도서목록(CIP)은 서지정보유통지원시스템 홈페이지
(http://seoji.nl.go.kr)와 국가자료공동목록시스템(http://www.nl.go.kr/kolisnet)에서
이용하실 수 있습니다.(CIP제어번호: CIP2020031407)」

아이들과 웃으며 재미있게 토론하는 법

도란도란 토론 레시피

김소라 지음

이비락 樂

통영에서 한 시간쯤 더 배를 타고 들어가면 '욕지도'라는 작은 섬이 있습니다. 엄마는 욕지도에서 나고 자랐고 중학교만 졸업한 채 상경하여 공장 노동자가 되었습니다. 10대부터 제화공장에서 일을 하면서 자신의 삶을 일구었습니다. 어린 시절 엄마와 함께 살았던 서울 옥수동 산동네 반지하 방은 빛도 들어오지 않는 컴컴한 곳이었습니다. 가난했던 삶에서 빛과 같은 선물은 바로 엄마가 아끼고 절약한 돈으로 사 주신 책이었습니다. 가가호호 방문했던 출판사 영업사원으로부터 권유받아 샀던 세계문학전집이나 계몽사 전집 같은 책이 저희 집에 놓였습니다. 책을 꽂을 책장도, 책을 읽을 책상도 없었던 좁은 집이었죠. 밤늦도록 들어오지 않는 엄마, 아빠를 기다리면서 어둠 속에서 한 장씩 책을 아껴 읽었습니다. 자신은 배우지 못했지만 자식을 잘 가르치고 싶은 마음에 무던히도 노력했던 엄마의 사랑을 지금에서야 느끼게 됩니다. 엄마는 서른 살 화재로 세상을 떠나셨지만, 저에게 책이라는 유산을 물려주셨습니다. 외로움의 시간을 견디게 해 준 책, 나의 인생을 살게 해 준 책 말이죠.

이제는 책이 더 이상 귀한 시절이 아닙니다. 넘쳐나는 정보와 영상매체는 책보다도 자극적입니다. 입시위주의 공부나 자격증 시험 등으로 책읽기를 시간낭비처럼 생각합니다. 책을 읽지 않는 현실 속에서 독서토론을 하는 사람들은 더더군다나 미련하고 느린, 시대에 뒤떨어진 모습처럼 보일 수 있겠죠. 그렇지만 읽지 않는 시대에, 읽는 행위가 오히려 특별한 일이 될 수 있을 거라고 믿습니다. 정답과 핵심만을 쉽고 빠르게 알려주는 공부만으로 우리 삶은 과연 행복할 수 있을까요? 돈 되는 공부, 명문대 입학을 위한 결과 위주의 공부를 통해 더불어 살아가는 가치 있는 공동체를 꾸릴 수 있을까요? 요약본으로 된 줄거리만 암기하는 책읽기가 과연 창의성과 사고력을 높여줄 수 있을까요? 책을 읽음으로써 삶이 바뀌고 변화할 수 있을까요?

제가 살고 있는 수원에는 '무예24기' 공연이 매일 열립니다. 조선시대 정조대왕이 집필한 《무예도보통지》의 무예를 연마한 장용영 군사들의 무예를 지금도 전수하여 시민들에게 공연 형태로 보여주고 있습니다. 유네스코 세계문화유산인 '화성'과 '무예24기' 공연은 세계적으로 유일무이한 문화적 가치를 담은 콘텐츠입니다. 무예24기 단원 중 20년간 무예를 연마하고 공부한 Y라는 분과 인터뷰를 한 적이 있습니다. "어떻게 무예를 하게 되었나요?"라고 질문했더니, "10대와 20대 때 공부를 하지 않고 방황하면서 제 자리를 찾지 못했었는데, 경당에서 무예를 하면서 깊이 빠져들었습니다. 그리고 무예도보통지를 수 년 간 읽고 또 읽으며 해석하고 의미를 찾아보려 했습니다"라고 답했습니다. 무예를 닦는 것은 몸으로 하는 행위, 기술이라고만 여겼는데 Y의 이야기를 듣고 난 후 몸으로 하는 공부와 책을 보는 공부가 다르지 않다는 것을 알게 되었습니다.

한문으로 쓰인《무예도보통지》를 읽고, 또다시 한글 언해본으로 된 책을 비교해서 읽고, 동료들과 이해한 바를 토론하고, 그것을 몸으로 익혀가면서 수백년 전 무예훈련 하던 방법을 자연스럽게 알게 되었다고 합니다. 또한 무예가 단순히 동작만 연마하는 게 아니라 정신과 마음이 담긴 하나의 배움이라고 이야기합니다. 이야기를 들은 순간, 저도 '아하! 바로 이것이 책읽기의 의미구나!'라는 작은 깨달음이 생겼습니다. Y는 책을 온몸으로 읽고 해석하여 자기의 삶으로 바꾸어낸 사람입니다. 한 권의 책만 수 백 번 반복하여 읽었을 뿐인데 그의 인생은 크게 변했습니다.

책 읽는 동안 우리 안에서는 어떤 일이 일어날까요? 글자를 눈으로 읽고, 머리로 이해하고, 감정이 새로워지고, 벅차오르기도 합니다. 슬픔과 분노가 생길 때도 있고 앎의 신비로움에 전율을 느끼기도 합니다. 기존의 사고체계를 뛰어넘는 생각의 깊이를 느낄 때도 있고, 전혀 접하지 못한 세계를 만나면서 인식이 확장되기도 합니다. 이렇듯 낯선 것과의 만남이 책읽기입니다. 토론은 또 어떤가요? 토론은 홀로 읽기에서 함께 읽기로 나아가는 과정입니다. 교과서 밖으로 뛰쳐나와 질문을 던지며 세상을 배우는 시간입니다. 인생의 정답은 없지만, 나만의 길을 만들어갈 수 있습니다. 해석의 자유로움과 가능성을 열어두는 토론으로 삶을 위한 공부가 무엇인지 알게 됩니다.

반지하 골방에서 홀로 책 읽던 저는 대학의 국문과에 진학했고, 책읽기 자체가 삶이 되었습니다. 글쓰기와 토론을 가르치면서 밥벌이를 하는 사람이 되었으며 끊임없이 책을 권하고, 책모임을 만들어내는 사람이 되었습니다. 익숙하고 편안한 상태에서는 새로운 나를 만날 수 없습니다. 불편하고 혼란스러운 상황, 기존의 관념을 의심해볼 수 있는 상황에서 나를 뛰어넘는 용기가 생깁니다. 토론은 지금껏 접하지 못한 세계와의 만남입니다. 책 속 주인공, 인물, 사건, 배경뿐 아니라 책을 쓴 저자와의 만남, 토론구성원들과의 만남도 이루어집니다. 그 속에서 관계를 맺어나갈 뿐 아니라, 크고 작은 문제를 해결해갑니다. 해석의 자유로움과 가능성을 열어둔 읽기를 통해 다르게 생각하는 방법을 훈련합니다. 결국 토론을 통해 나의 가능성을 찾게 되고, 세상을 살아갈 용기까지 조금씩 얻게 됩니다.

인간은 모두 '창조자'로 태어납니다. 남이 하라는 대로, 시키는 대로 기계처럼 살기 위해 태어난 것이 아닙니다. 내 안의 열망을 표현하고 자신의 가치를 세상에 드러낼 때 살아갈 이유를 찾게 됩니다. 토론하면서 얻은 내 생각, 의미 등은 소중합니다. 토론모임에서 주고받은 이해와 격려, 인정 등도 마찬가지입니다. 한 권의 책을 질문과 대화의 방식으로 깊이 있게 알아갈 때 지혜가 자라납니다. 수많은 지식을 연결하는 힘도 생겨납니다. 토론 자체로는 돈이 되거나 밥이 되지 않습니다. 그러나 다른 일을 하는데 중요한 매개가 됩니다. 어떤 일을 선택하든지 나와 세상을 연결하고, 다양한 관계 맺음이 필요하니까요.

랄랄라하우스에서

김소라

이해해요

1장

생각의 길을
열어가는 토론

"토론은 나만의 고유성을 발견하는 과정이예요."

책을 읽지 않는 시대에 책을 읽어야 한다는 것은 진부한 생각인가요? 읽지 않아서 문제가 되고, 꼭 읽어야 한다고 강조해야 하는 이유는 뭘까요. 읽고, 생각하고, 말하고, 쓰는 행위는 한 사람이 자신의 사고체계를 만들어나가는 방법의 하나입니다.

생각의 길을 만들어나가는 과정 즉, 자신만의 배움을 창조하는 시간이 필요합니다. 토론은 책을 자신의 것으로 만들어가는 일이기도 합니다. 질문을 통해 책에 대해 고민하는 시간이 쌓일수록 자신이 누구인지 알아갑니다. 나만의 답이 생기기 때문이죠. 다른 사람과 다른 자신만의 고유성이 무엇인지 깨닫게 됩니다. 비교할 필요도 없고, 점수를 매길 필요도 없습니다.

독서토론에는 정해진 답이 없습니다. 물론 작가가 정확한 주제를 담아 책을 쓰기도 하지만 읽는 독자는 자유롭게 해석하면 그만입니다. 작가의 의도를 명확히 파악하지 못했다고 해서 책을 잘못 읽은 게 아니기 때문입니다. 자신만의 길을 만들어가는 일이 독서라고 한다면 모두가 똑같은 느낌과 생각을 가질 필요가 없습니다. 토론을 통해 스스로 무언가를 깨닫고 자신에게 의미 있는 메시지를 발견하는 과정을 즐기는 것. 그것으로 충분합니다.

1
토론의
시작은 질문

　데이비드 위즈너의 그림책 『아기돼지 세 마리』라는 그림책이 있습니다. 아기돼지 세 마리가 볏짚, 나뭇가지, 벽돌로 각각 집을 짓는데 늑대가 나타나 돼지를 잡아먹으려 하는 이야기입니다. 돼지들이 늑대로부터 도망을 치는 치죠. 기존에 익히 들어보았던 얘기죠. 하지만 이 책은 우리가 알고 있었던 '아기돼지 삼형제'와는 완전히 다른 패러다임으로 이야기가 전개됩니다. 그림책 밖으로 돼지들이 뛰쳐나가는 구조를 취하고 있습니다. 재미있는 발상이죠. 상상 속에서 벌어진 일이기 때문에 이야기 구조 밖으로 도망쳐서 살아납니다. 그리고 세상 구경을 하며 재미있는 일들을 만납니다.

　『아기돼지 세 마리』는 교훈보다는 상상의 즐거움을 느끼게 합니다. 재미와 즐거움, 새로운 발상을 얻게 합니다. 주제가 명확하지 않을 수 있으며, 독자들을 가르치려 하지 않습니다. 환상적인 이야기는 그 자체로 우리에게 해방감과 자유로움을 줍니다. 이와 같은 환상적인 스토리는 현실적이지 않은 주제이지만 토론할 질문들이 많습니다. 경계를 뛰어넘는 질문을 통해서 사고를 확장할 수 있습니다. 줄거리가 짧고 내용이 길지 않은 그림책도 토론 질문을 통해서 수많은 생각을 끌어낼 수 있습니다. 토론 선생님의 역량은 질문의 다양성과 깊이에 있습니다.

- 과연 나에게 집이란 어떤 의미가 있나요? (책 내용을 자신의 생활로 확산시키는 질문)
- 기존에 알고 있었던 '아기돼지 삼형제'와 『아기돼지 세 마리』의 차이점은? (비교, 분석, 정리하는 질문)
- 이 책에서 용은 그림책 밖으로 나올 수 있었고, 늑대는 영원히 그림책 밖으로 나오지 못했습니다. 왜 이런 차이가 있을까요? (논리력을 향상시키는 질문)
- 이 책에서는 집 짓는 재료가 볏짚, 나무, 벽돌이 나왔는데 또 어떤 재료들로 집을 지을 수 있을까? (책 내용과 다른 정보를 연결짓는 질문)
- 환상과 실제를 넘나드는 일이 그림책에 많이 등장합니다. 혹시 나는 꿈과 현실이 비슷했던 경험이 있나요? (자신의 경험과 책을 연결시키는 질문)
- 책에 등장한 세 마리 돼지들과 나는 어디로 가보고 싶나요? (책을 나의 경험으로 확장하는 질문)
- 뒷 이야기를 상상하면? (상상력을 향상시키는 질문)
- 『아기돼지 세 마리』 책에 별점을 매기면? (책을 스스로 평가하는 질문)

이 책을 읽고 어떤 질문을 던질 수 있을까요? 왼쪽 아래의 질문을 통해 책에 대해 더욱 깊이 느끼고 자기 생각을 만들어나갈 수 있습니다.

『아기돼지 세 마리』는 우리의 고정관념을 뛰어넘게 하는 책입니다. 현실과 상상의 구분을 짓지 않고 마음껏 생각해보는 기회를 줍니다. 판타지를 통해 자신의 세계를 창조하게 됩니다.

토론의 시작은 질문입니다. 궁금증을 갖고 질문을 던질 때 스스로 답을 찾을 수 있습니다. 어떠한 질문도 허용하는 자유로운 분위기 속에서 나만의 생각의 길을 만들 수 있겠죠? 목적지를 향해 갈 때 고속도로를 달릴 수도 있고, 오래된 옛길과 같은 국도를 이용할 수도 있습니다. 시간을 단축할 수 있는 고속도로는 효율적입니다. 내가 원하는 목적지까지 빨리 갈 수 있으니까요. 하지만 빠르기만 한 고속도로가 요즘에는 더 막히는 길이 되었습니다. 반듯한 직선도로로 갈 수 있는 최단 거리는 재미도 없어요. 가끔 국도를 달리면서 산과 호수와 강, 시골길의 정겨운 풍경을 마주할 때 여행의 순간을 더 잘 기억할 수 있을 거에요.

소라샘 어드바이스

- 토론은 질문을 하는 것에서부터 시작됩니다.
- 토론은 과정을 통해 배우는 일입니다.
- 생각을 표현하는 것만으로도 자신이 뭔가 나은 사람이 된다는 것을 알도록 합니다.

2

관계 속의
배움 토론

수년 전 일본 지상파 방송국 TBS에 출연한 오타 미사키는 일본 최고의 IQ 소유자로 주목받았던 인물입니다. 무려 IQ가 188이었다고 해요. 참고로 도쿄대생이 평균 120이라고 하니 엄청난 두뇌의 소유자입니다. 미사키는 한 번도 배운 적 없는 피아노를 연주하고, 교향곡까지 작곡했습니다. 멘사 테스트도 고득점을 취득했고 초등학생 때 이미 상대성이론을 이해했다고 합니다. 과연 미사키가 주목받는 사회적인 성과를 이루었을까요? 오히려 그 반대였다고 합니다.

IQ는 기억력이나 암기력과 관련한 지능이라 할 수 있습니다. 무언가를 빨리 외우고 습득한다고 해서 세상을 잘 살아가고 성공하는 것은 아니겠죠. 많이 아는 것보다 더욱 필요한 능력은 융합하고 연결하는 기술입니다. 주변의 다양한 재료를 통해 새롭고 창의적인 것들을 만들어내는 능력이 요구됩니다. 또한 감성적인 소통 능력을 통해서 관계를 잘 맺는 사람들이 필요합니다. 창조적 사고는 자유로운 소통으로 향상됩니다.

경청, 배려, 신뢰, 소통이라는 키워드가 사회적으로 중요한 때입니다. 이는 모두 관계라는 말로 함축할 수 있습니다. 관계 속에서 내 생각을 잘 표현하는 방법을 익혀야 합니다. 타인의 요구사항을 잘 이해해야 합니다. 사람의 마음을 움직이며 감동을 주는 사람들이 성공합니다. 사람을 끄는 힘은 곧 자산이 됩니다.

토론은 무엇보다도 관계 속에서 이루어지는 배움입니다. 나 홀로 독서하고 사색하는 시간도 필요하지만 여러 사람과 함께 관계 맺으며 토론해나갈 때 균형 잡힌 인간이 됩니다. 골방에서의 독서에서 광장으로의 독서로 나아가야 합니다. 토론은 사람과의 관계를 잘 맺는 능력을 키우는 일입니다. 마음을 움직이는 인간관계의 기술을 온몸으로 배울 수 있습니다.

최근 토론의 중요성 때문인지 초, 중, 고등학교나 대학에서도 토론 수업을 확대하고 있습니다. 토론 프로그램과 같은 TV, 팟캐스트, 유튜브 등이 인기를 얻기도 합니다.

누군가에게 자기 생각을 솔직하고 자신감 있게 전달하는 것이 경쟁력이 되었습니다. 토론 기술이 필요하다고 여긴 학부모들은 어릴 때부터 토론 학원을 보내기도 합니다. 토론은 단순히 말하기가 아닌 관계의 기술입니다. 여기서 책에 대한 감상을 나누는 독서토론은 책의 의미를 내 것으로 만들어나가며 생각의 근육을 단단하게 만들어주며, 왜 그러한지를 생각해 보게 합니다. 또 나 혼자만의 생각에 그치지 않게 하여 고립된 생각에 갇히지 않게 하며, 같이 이야기 하면서 차이를 느끼기도 합니다. 때로는 동의를 얻어 인정받기도 합니다.

말을 한 후 생각하게 되는 것일까요? 아니면 생각을 한 후 말을 하게 되는 것일까요? 말과 사고는 서로 연관 작용이 있어서 생각한 것이 말로 표현되기도 하고, 말한 이후 생각을 하기도 합니다. 말이 생각을 지배할 때도 있어서 말을 하다 보면 더 많은 말이 이어지게 됩니다. 새로운 생각의 물꼬를 트게 됩니다. 예를 들어, 힘든 문제를 누군가와 수다 떨면서 해결하기도 합니다. 즉 말하기를 통해서 자기 생각을 정교하게 만들고, 나만의 철학을 갖게 되는 것입니다.

과거의 교육은 빠른 시간에 정해진 답을 외우는 것이 전부였습니다. 하지만 이제는 나만의 생각과 사고를 확장하여 창조의 능력을 발휘해야 할 때입니다. 남이 정해 놓은 길을 가는 삶이 아니라 스스로 길을 찾아 나가야 합니다. 하지만 외로운 길이 아닙니다. 함께 길을 만들어나가는 것이 토론입니다. 머리를 맞대어 답을 찾아가기도 합니다. 어렵고 힘들게 찾은 외로운 길이 아닙니다. 협력하여 문제를 재미있게 풀어나가면서 수많은 길을 만들어 갈 수 있습니다.

뮤지컬 공연은 작가의 스토리에 춤과 음악, 노래, 연기, 안무, 무대장치, 연출 등이 더해진 종합예술입니다. 어느 것 하나 소홀할 수가 없습니다. 모든 과정이 조화롭게 어우러져 하나의 완벽한 공연으로 무대에 올려질 때 성공적인 공연이 됩니다. 토론 역시 상대방과 내가 조화를 이루어 작품을 만들어가는 뮤지컬과 별반 다르지 않습니다.

3

꿈과 진로를 찾는
토론 수업

"서울에 있는 대학에 가는 게 꿈이에요."

저는 깜짝 놀랐습니다. 왜냐하면 같은 학교의 같은 반 학생들 30여 명이 모두 일제히 똑같은 꿈을 이야기했기 때문이죠. 서울에 있는 대학을 가는 것이 모두의 꿈이 될 수 있는 사회는 뭔가 잘못된 것 같습니다. 제가 실제로 진로 토론 수업에서 경험한 일입니다. 아이들의 꿈이 한 가지로 귀결될 수 있을까요? 그것도 어떤 삶을 살고 싶다거나, 어떤 직업을 갖고 싶다는 꿈이 아니라 특정 지역에 있는 대학을 가는 것. 여전히 지금의 대한민국에서 고등학교에 다니는 아이들의 꿈은 한없이 좁기만 합니다. 진로를 주제로 독서토론을 할 때 아이들이 어떻게 하면 자신의 관심사를 찾고, 확장해나갈 수 있을까 고민합니다. 토론은 자신의 관심사를 찾아 나가는 하나의 길이 될 수 있으니까요.

많은 사람이 특별한 꿈을 갖고 살지는 않습니다. 초, 중고등학생들에게 "네 꿈이 무엇이니?"라고 물었을 때 확실한 자기만의 답을 가진 경우는 흔치 않습니다. 다소 막연합니다. 요즘 아이들에게는 유튜버나 연예인, 아이돌 가수 등이 인기 있기 때문에 관련 직업을 이야기할지도 모르겠습니다. 아니면 축구선수, 메이크업아티스트, 네일아트나 디자이너 등의 직업을 말할 수도 있겠죠. 주변에 관심 있는 직업을 가진 사람이 있다면 닮고 싶어 할지도 모르겠네요.

물론 최근에는 과거와 달리 다양한 직업적 삶에 노출될 기회가 많아졌습니다. 진로, 직업교육도 다양해졌습니다. 하지만 아이들이 실제 삶에서 진지하게 일과 직업에 대해 생각해 볼 기회는 부족합니다. 부모님의 결정으로 제시해주는 길을 따라가는 경우도 많습니다. 학교나 학원 선생님의 영향을 받을 수도 있겠죠. 책이나 영화, 드라마, SNS 채널 등에서 만나는 사람들 모습으로도 직업을 생각해보기도 합니다. 이와 함께 토론 수업 역시 자신이 무엇을 하고 싶은지 진지하게 탐구하고 탐색해보는 시간이 될 수 있습니다.

중학생 아이들과 박현욱 장편소설 『동정 없는 세상』을 읽고 토론한 적이 있었습니다. 『동정 없는 세상』은 고등학생 남자아이들의 성적 호기심과 스무 살 이전의 방황을 그린 소설입니다. 등장 인물들의 직업관이나 인생관을 알아볼 수 있습니다. 주인공 삼촌은 서울대 법대를 나왔는데, 고시 공부는 하지 않고 백수로 살면서 끊임없이 책을 읽습니다. 그리고 결국은 자신이 어릴 때부터 만화가게 주인이 되고 싶었다는 꿈을 기억하며, 동네 어귀에 작은 '비디오/만화가게'를 열게 됩니다. 물론 비디오방이나 만화가게는 추억 저편으로 사라졌습니다. 이 책은 어쩌면 서울대 법대라는 엘리트 코스를 밟아서 판검사가 되는 삶이 아닌 새로운 자기만의 길을 가는 주인공의 모습을 보여주려고 한 게 아닐까요. 책을 읽은 후 아이들과 열띤 토론이 벌어졌습니다. 주인공 삼촌과 같은 삶을 이해할 수 있는가, 혹 자신이 삼촌이라면 어떤 선택을 했을 것인가를 토론했습니다.

"서울대 법대를 나와서 만화방 주인이 되는 것은 시간 낭비이고, 인력 낭비입니다"라고 말하는 아이가 있었습니다. 반대로 "자신이 진짜 원하는 공부를 하지 못한 채 남들이 시키는 공부 혹은 사회적으로 엘리트 코스라 일컬어지는 삶을 사는 것은 허무한 일 같아요"라고 말한 친구도 있었죠. 독서토론이긴 하지만 주인공의 인생을 들여다보며, 자기 자신에 대해 생각해보게 됩니다. '인생의 선택과 진로에 대해 어떻게 결정을 내려야 하는가'라는 주제로 자연스럽게 토론이 진행되었습니다.

"저는 이 책에서의 삼촌은 게으르고 무능력한 사람이라고 생각해요. 국가적인 낭비같기도 해요. 우리가 공부하는 목적은 인생의 성공, 성취입니다. 그렇다면 대학 졸업 후 직업을 갖고 경제활동하며 자신이 이루고자 하는 것을 사회에서 얻는 게 옳지 않을까요? 자본주의 사회에서 낙오자가 되지 않기 위해서 말입니다." (김도현 학생)

"저는 이 책에서 삼촌을 지지합니다. 아무리 서울대 법대를 나오고 사법고시를 패스한다 하더라도 자신의 행복과 관계 없을 수 있죠! 사회적인 성공이나 돈을 버는 것도 중요하지만 자신만의 가치기준을 갖고 의미있는 삶을 사는 것도 중요합니다. 진짜 자신이 좋아하는 일, 원하는 일을 직업으로 선택해야

행복합니다." (송현민 학생)

　이렇듯 책 속에 나오는 주인공의 직업에 대해서 이야기 나누면서 자연스럽게 자신을 대입하여 생각해보게 됩니다. 직업관, 인생관이 아직 정립되지 않은 시기의 아이들이지만 독서토론을 통해서 다양한 가치 기준을 생각해보게 됩니다. 끊임없이 자신의 삶과 비교하여 보고, '나라면 어떠한 인생을 살 것인가?'를 비추어 생각하는 것은 책을 읽는 중요한 이유가 됩니다.

　또한 토론을 하면 아이들마다 자연스럽게 관심사가 다름을 알게 됩니다. 토론 진행하는 선생님은 학생의 반응을 유심히 관찰해야 합니다. 어떤 책을

토론할 때 아이가 특히 열중하고, 관심을 보이는지 살펴서 그에 맞는 다양한 관심 정보를 알려주는 것도 좋은 방법입니다. 특별히 좋아하고 끌리는 저자가 있다면 그 저자의 다양한 책을 읽도록 유도할 수 있습니다. 비슷한 분야의 책에 대한 정보를 줄 수도 있습니다. 토론 선생님이 적극적으로 아이들의 삶에 개입하여 관찰할 때 가능한 일이 되겠죠. 책을 읽는 이유 중 하나도 '자신의 관심사를 찾아 나가는 과정이라고 할 수 있습니다. 수많은 책 중에서 재미있고, 흥미가 생기고, 끌리는 주제가 있다면 분명 앞으로 아이가 원하는 일과도 연관될 수 있습니다.

몇 년 전 중학생 토론 그룹수업을 할 때였습니다. 당시 토론 수업에서 읽었던 책은 최재천 교수의 『생명이 있는 것은 다 아름답다』입니다. 자연과학 연구자가 어떻게 자신의 동물을 연구하게 되었는가에 대한 이야기입니다. 그때 평소에는 수줍어서 별로 말도 안 하고, 조용하던 중학교 3학년 아이가 있었습니다. 그 학생은 토론의 내용보다 그 학생은 최재천 교수의 이력과 공부 방법 등에 관심을 두게 되고, 최재천 교수의 학문 분야에 흥미를 갖게 되었습니다. 이후 최재천 교수님이 쓰신 책을 모조리 읽고, 신문 기사나 인터뷰 글을 찾아서 읽으며 어떻게 하면 최재천 교수님과 같은 분야를 공부할 수 있을지 스스로 탐구하게 되었습니다. 방학이 지나고 난 후 수업 시간에서 그 학생은 놀라운 이야기를 전해주었습니다. 이제 자신의 롤 모델은 최재천 교수님이며, 몇 가지 방법으로 동물학자가 되는 길을 찾았다고 합니다.

첫 번째 방법은 학교 공부 열심히 하여 서울대 동물학과를 진학한 후, 학자가 되는 것이라 합니다. 두 번째 방법은 고등학교 성적이 좋지 않을 경우 관련 다른 학과를 진학한 후 차후에 최재천 교수님이 다녔다는 미국 대학에 유학을 가서 자신이 연구하고 싶은 동물학을 평생 공부하는 것이라고 말합니다. 세 번째는 생물 관련 공부와 인문학, 글쓰기 공부를 같이하여 생명과학과 관련된 글을 쓰고 사람들에게 알리는 일을 하는 것이라고 설명합니다.

물론 세 가지 방법 모두 현실에서 이루기 힘들 수도 있겠죠. 이 친구는 과학을 좋아하면서도 토론, 글쓰기, 독서를 좋아했던 학생이었고 지금도 꾸준히 꿈을 향해 열심히 공부하고 있습니다. 토론을 하면 자신이 끌리는 주제를 발견합니다. 새로운 앎으로 확장해 나가면서 아이들은 미래의 꿈을 찾게 됩니다. 토론 수업에서 스스로 책을 읽고 깨달을 수도 있지만 선생님의 조언과 관찰은 매우 중요합니다. '최재천 교수님을 닮고 싶어요'라고 말했던 학생에게 최재천 교수님이 쓴 책 목록을 알려주기도 했습니다. 아이가 스스로 가지고 있는 관심에 주변 사람의 긍정적인 격려와 조언까지 더해진다면 훨씬 더 자신의 꿈에 성큼 다가설 수 있지 않을까요?

소라샘 어드바이스

- 학생마다 어떠한 책에 관심이 있는지 유심히 관찰합니다.
- 책의 어떤 구절, 내용에 끌림이 있는지 토론할 때 잘 살피고 메모합니다.
- 책 속에 나오는 특별한 직업, 일에 관심을 갖는 아이들이 있다면 함께 이야기를 나눠봅니다.
- 자신이 잘 하는 것, 좋아하는 것, 즐거워하는 일 등을 말할 수 있는 기회를 자주 갖습니다.
- 부모님의 현재의 직업, 과거의 직업 등에 대해서도 이야기를 나눠봅니다.

4
토론은 인생을
배우는 놀이터

요즘 아이들은 어디를 가나 와이파이(wifi)부터 찾습니다. 스마트폰과 인터 넷 게임 등을 못 하면 불안해 하는 세대입니다. 영유아 시기부터 유튜브를 관람하고, 모든 것을 검색으로 찾아봅니다. 제 아이 역시 초등학교 시절부터 스마트폰이나 닌텐도 게임을 붙들고 살았습니다. '엄마, 할 게 없어서 심심해' 라는 말을 입에 달고 삽니다. 손에 무언가가 쥐어지지 않으면 심심하다고 그 사이를 못 견뎌 하면서 게임을 하려고 합니다. 흔히 볼 수 있는 요즘 초등학 생의 모습이긴 하지만 부모로서 또한 선생으로서 심히 걱정됩니다.

스마트폰과 온라인 게임은 주로 혼자 노는 행위입니다. 이러한 문명의 기 기들은 친구들과 함께 놀 수 있는 여지를 가로막습니다. 어린 시절 사람들과 교감하고, 친구들 사이에서의 관계의 기술을 터득하는 것을 배워야 하는 시 기에 혼자 있는 시간이 절대적으로 늘어나는 것은 큰 문제가 아닐까요? 같은 공간에 있되 각자 노는 모습이 흔합니다.

'접속의 시대에 접촉은 사라진다'는 말을 실감하게 됩니다. 초등학교 때부터 과도한 사교육과 학원 공부는 타인과 함께 공부할 방법을 배우지 못하게 합니다. 학교나 학원 역시 혼자서만 공부해야 하는 시간을 늘려 놓았습니다. 혼자 하는 공부와 함께 하는 공부. 이 둘의 차이는 과연 어떤 결과를 초래할까요?

공부를 경쟁이라고만 생각할 것입니다. 내가 타인보다 공부를 많이 해서 무언가를 많이 아는 것이 우월해지는 길이라고 여기겠죠. 혼자만 잘살고자 하는 이기주의를 초래합니다. 물론 혼자 하는 공부는 효과적으로 시간을 활용할 수 있고, 언제 어디서나 할 수 있다는 장점이 있죠. 암기하거나 빠른 시간 안에 습득해야 하는 기술은 스스로 혼자 할 수밖에 없습니다. 하지만 세상에는 암기식 공부만 존재하는 것은 아닙니다. 함께 하는 공부는 어떻게 보면 '놀이'처럼 보이죠. 공부가 아닌 놀이로 진짜 배움을 얻게 됩니다. 마찬가지로 아이들이 토론 수업에 참여할 때, 공부한다고 생각하지 않고 '노는 시간'이라고 생각합니다. 놀면서 즐겁게 공부하는 것이 어쩌면 모든 부모와 학생들의 바람 아닌가요? 놀 듯이 공부하는 것이 진정한 인생 공부라 생각합니다.

제 아이는 현재 삼척에 있는 '삼무곡청소년마을'이라는 대안학교에서 3년째 생활하고 있습니다. 학년 구분 없고, 정규 교과목도 없는 말 그대로 '스스로 학교'입니다. 교사는 큰 그림을 제시하고, 생활의 가이드라인만 제시할 뿐입니다. 한 학기 동안 배울 주제를 스스로 정합니다. 공동체 활동을 통해 배움의 결과를 다양한 성과물로 표현하는 것이 교과 과정이고 시험입니다. 글이나 그림, 영상물, 요리, 건축, 만화, 조각, 악기연주 및 노래 등으로 자신의 배움을 온몸으로 표현해냅니다. 공동체 생활을 하는 곳이기 때문에 매 순간 토론과 협의가 필수입니다. 함께 공부하며 삶의 문제를 해결하는 일이 끊임없이 이어집니다.

공교육이 아닌 대안학교를 보내야겠다고 생각하고 실천한 것 역시 끊임없는 토론 덕분이었습니다. 진짜 배움은 학교나 시험이나 교과서 속에 있지 않다는 것을 저와 아이가 알아버렸으니까요. 대한민국의 입시 지옥을 아이가 경험하지 않길 바랐습니다. 또한 획일화한 교육과정으로 아이의 고유성과 창의성이 사라지지 않았으면 했습니다. 책을 읽으면서 달라진 내 교육관을 현실 세계에서 실천하고 싶었습니다. 10대 시절을 자유롭고 행복하게 보내며 자신의 삶을 긍정하는 아이로 자랐으면 하는 마음이 컸죠. 혼자 공부하여 시험점수 잘 받고, 명문대를 나오고, 연봉 높은 직장을 가는 것 말고도 수많은 다양한 삶의 선택지가 있다는 걸 알려주고 싶었습니다. 학교를 다니는 것도 혹은 다니지 않는 것도 인생의 선택이라고 알려주었습니다. 공교육, 대안교육, 홈스쿨링, 자기주도학습, 여행이나 독서 등 십 대 시절 배움의 방법은 다양하다고 아이에게 알려주었습니다.

인생의 선택지가 하나밖에 없다고 생각하면 어떻게 될까요? 그 선택에서 배제된 삶을 살게 된다면? 단 한 번의 실패가 인생 전체의 실패가 된다고 생각할 수 있죠. 요즘 '이생망'이라는 말을 자주 씁니다. '이번 생은 망했다'라는 뜻이래요. 이제 겨우 열여섯, 열여덟인 아이들이 "나는 끝났다, 망했다"라는 말이 가당키나 한가요. 희망 없고 절망적인 상황이라고 받아들입니다. 소수의 아이가 공부를 잘하고 시험을 잘 보는 것은 수많은 재능 중 한 가지일 뿐인데 말입니다.

삼무곡청소년마을에서는 획일적인 수업 대신 변화무쌍한 실천적 배움과 토론이 일어납니다. 매일 매일 아이들의 자유로운 생각이 오고 갑니다. 자유, 인권, 죽음, 부모, 사랑, 돈, 친구, 오해, 청소, 밥, 아픔, 게으름, 농사, 요리 등 셀 수 없이 많은 주제로 꼬리에 꼬리를 무는 대화와 토론이 그 안에서 수시로 벌어집니다.

어떻게 하면 토론이 인생을 배우는 놀이터가 될 수 있을까요? 토론을 통해 삶은 게임이자 놀이터라는 것을 알아가면 좋겠습니다.

초등 3~4학년 아이들과 『까마귀 소년』이라는 책으로 토론해 보았습니다. 일본 그림책 작가 '야시마 타로'가 쓴 책인데 1930년대부터 시작된 일본 학교의 왕따 문제를 그리고 있는 책입니다. 주인공은 산골짜기에서 몇 시간씩 걸어 내려와 도시의 학교에 다니는 아이입니다. 친구들에게 소외당하고, 글씨도 모르고, 6년 동안 학교에서 존재하지 않는 아이 취급을 당합니다. 그런데 6학년 때 새로운 담임 선생님이 부임해 오면서 주인공 까마귀 소년은 달라집니다. 자신의 존재를 알아주고, 인정해주는 선생님으로 인해 삶이 변화합니다. 까마귀 소리를 잘 내고, 꽃과 식물의 이름을 잘 아는 것은 소년의 재능이었습니다. 이 책을 읽고 아이들과 함께 우리 사회의 왕따 문제, 학교에서 소외당하는 아이들에 대한 의견을 나누었습니다. 3~4학년 아이들이지만, 나름대로 의견을 제시하면서 다음과 같이 자신의 사례와 해결책을 내놓았습니다.

서울 영등포 평생학습관에서 진행했던 독서토론 수업의 일부 내용입니다.

선생님 : 이 책을 읽고, 우리가 왕따 문제를 생각해 보려고 해. 왜 우리 사회
에서 왕따 문제가 생긴 걸까?

민지 : 왕따당하는 아이들은요, 어쩌면 좀 문제가 있을지 몰라요. 무조건 한
아이만 왕따시키는 것이 아니라 처음부터 이상한 행동을 하는 아이들이 왕따
가 되요. 예를 들면, 놀이를 잘 못 따라 한다든지 너무 혼자 잘난 척하는 애들
이요. 잘 어울리지 못하는 것은 그 아이의 문제 아닌가요? 우리 반에서도 조
금 왕따인 애를 보면, 너무 잘난 척이 심해요.

현우 : 그래도 지나치게 한 사람만 왕따시키는 것은 문제가 되긴 해요. 까마
귀 소년이 자신의 재능을 알아준 선생님이 계셨던 것처럼 우리 반에서도 왕

따당하는 아이들을 선생님이 관심 가져줘야 해요. 그런데 우리 반 선생님은 전혀 관심도 없어요. 공부 못 하는 애한테는 별로 신경 안 써요. 애들이 끼리끼리 어울리는 것에 대해 뭐라고 한마디도 안 하세요. 우리 반 선생님이 이 책에 나온 선생님처럼 바뀌면 좋겠어요.

지혜 : 요즘 왕따 문제를 자꾸 뉴스나 신문에서 보여주고 있는 것이 전 더 문제인 것 같아요. 사실 우리 학교에서 그렇게 심한 왕따는 없거든요. 자살하고 그런 애들까지 있다고 뉴스에서 심한 이야기만 보여주니깐 더 심각하게 생각하게 되요. '티아라 게임'이라고 하는 것도 인터넷에서 너무 심하다고 하니깐 애들이 호기심으로 따라하게 되요. 그런데 우리 반은 애들이랑 전부 다 친하게 지내는 편이에요. 조금 어울리지 못하는 애들도 있긴 하지만, 전체적으로 무언가 할 때는 다 같이 해요.

선생님 : 그럼 까마귀 소년과 왕따에 대한 문제를 이야기해보았는데, 어떻게 해결하면 좋을까? 너희들이 생각하는 방법이 있니?

민지 : 저는 선생님이나 학교도 노력해야 하지만, 아이들 스스로 적극적인 행동이 필요하다고 생각해요. 왕따 되는 애들을 보면 좀 말이 없고, 조용하거나, 잘 못 어울리는 애들이 많아요. 스스로 노력하지 않고, 왕따당했다고 속상해하는 것은 그 아이의 잘못도 어느 정도 있는 것 같아요. 분명히 스스로 친구들과 어울리는 노력을 하면 아무리 나쁜 애들이 아닌 이상 같이 놀아주긴 하거든요.

선생님 : 민지 의견도 일리가 있네. 왕따당하지 않으려면 적극적으로 아이들과 어울리는 노력을 해야 한다는 것. 또 다른 생각은 없니?

지혜 : 저는 학교 선생님들이 좀 더 아이들의 관계에 대해서 관심을 가져야

할 것 같아요. 누구와 누가 친한지. 소외당하는 애들은 누군지 공부보다도 친구 문제 이런 거에 관심 가져주시면 좋겠어요. 맨날 숙제와 시험에 대한 것 말고요. 우리가 좋아하는 것을 함께 놀이로 즐겁게 하면 좋겠어요. 게임이나 놀이는 이겨도 재밌고 져도 재밌잖아요. 경쟁하지 않으니까요. 모든 친구가 활동할 수 있는 놀이로요. 그러면 학교생활이 즐거워져서 왕따도 줄어들 것 같아요.

현우 : 저도 그래요. 학교가 재미있고 즐거운 곳이면 왕따 문제는 자연스럽게 없어질 것 같아요. 시험과 숙제만 있는 학교에서는 왕따 문제가 더 심해지는 것 같아요.

3~4학년의 아이들이 내놓은 의견과 생각은 정말 훌륭했습니다. 『까마귀 소년』을 통해 왕따 문제를 생각해보는 토론이었지만 요즘 아이들의 생활을 들여다보는 시간이 되었습니다. 사교육과 학업 중심으로 이루어지는 교육 시스템. 그리고 학교에서도 지나친 평가 위주로 이루어지는 교육이 내심 불만이죠. 3학년 정도의 아이들도 이러한 주입식 교육과 평가로 이뤄지는 학교 교육이 좋지 않다고 생각하고 있답니다.

이렇게 독서토론을 하면서 아이들은 자기 생각에서 가치와 의미를 발견합니다. 스스로 문제 해결 능력도 키우게 됩니다. 토론의 장을 통해서 진짜 놀이, 진짜 공부란 무엇인지 자연스럽게 터득하게 되는 것이죠. 쓸데없는 말장난이 아니라 자기 생각의 틀을 만들어나가는 시간입니다.

토론 수업을 하는 1~2시간 동안 아이들은 각자 노는 것이 아니라, 함께 노는 방법을 익히게 됩니다. 하나의 주제, 책에 대한 이야기로 아이들은 서로의 마음을 알게 됩니다. 토론을 정리하면서 소감을 나눌 때 아이들 역시 '다른 친구의 생각을 들을 수 있어서 좋았다'는 말을 합니다. 그만큼 누군가의 생각을 알게 되는 것은 즐거운 일입니다! 독서토론으로 함께 노는 방법을 터득하는 아이들은 '함께 노는' 재미를 알게 되고, 능동적이고 적극적인 아이로 변화하게 됩니다. 토론을 즐거워하는 아이들은 이후에도 친구들과 서로 노는 방법을 고안해 내면서 창조적인 게임을 만들어내기도 합니다.

소라샘 어드바이스

- 토론은 함께 놀며 공부하는 시간입니다.
- 독서토론을 통해 책과 현실이 다르지 않음을 느끼게 됩니다.
- 토론질문으로 삶의 문제해결력이 생겨납니다.

5
인생의 안목을
키우는 시간

"선생님! 오늘 토론을 해 보니 예전에는 『별주부전』에서 토끼의 입장에서만 읽었는데 별주부의 입장도 생각해보게 되었어요. 아니 용왕님의 아픈 병 낫게 하기 위해서 별주부가 너무 고생한 것 같기도 하고, 목숨까지 바쳐가면서 간을 구해오라는 요구 자체가 너무했어요. 오늘 토론한 것처럼 두 가지 생각을 양쪽으로 해 보니깐 책을 읽을 때 두 가지 편을 모두 생각할 수 있을 것 같아요. 토끼가 지혜롭고 대단하다는 생각이 있었지만, 별주부의 충성스러운 모습도 다른 애들의 말대로 생각해보게 되었어요"

- 영등포 초등학교 3학년 조아영 -

토끼와 거북이로 유명한 『별주부전』을 읽고 아이들과 토론을 한 후 토론 소감을 말했던 3학년 아이의 발언이었습니다. 토론하기 전에는 토끼의 편에서만 책을 읽었다고 합니다. 알지도 못하는 별주부 때문에 간이 빼앗기게 되는 사건을 겪으면서 불쌍하다는 감정도 들었던 거죠. 토끼는 얼마나 어처구니없었겠어요? 그리고 토끼가 위기를 지혜롭게 극복해나가는 모습도 인상적이었다고 합니다. 하지만 별주부의 입장에서 생각해 볼 수도 있었다고 합니다. 전래동화나 신화와 같은 옛이야기로 토론할 때 아이들은 새로운 시각으로 책을 보는 즐거움을 얻게 됩니다. 고전은 거의 확일적인 교훈을 담고 있습니다. 반대의견을 제기하기 어려울 때도 있습니다. 이러한 고전 작품으로 토론을 할 때 찬반 질문을 통해서 아이들의 사고를 확장할 수 있습니다.

균형 잡힌 생각을 얻게 되는 과정이 바로 토론입니다. 『별주부전』을 토론

한 후 3학년 학생이 바로 적용하여 토론 소감을 발표한 내용입니다. 스스로 어떻게 책을 읽겠다는 다짐을 표현한 부분이었습니다.

"오늘 토론을 해 보고 나서 든 생각은 다른 책을 읽을 때도 반대로 생각하는 습관을 지져야한다는 거에요. 예를 들어서 〈신데렐라〉 같은 경우 전에는 신데렐라만 불쌍한 것 같았어요. 근데 신데렐라 언니들도 조금 안됐다는 생각이 들더라고요. 엄마가 시키는 대로 신데렐라에게 대한 것 같아요. 신데렐라 언니 편에서도 책을 읽을 수 있고, 신데렐라 새엄마 입장에서도 생각할 수 있을 것 같아요. 오늘 토론하면서 전래동화는 두 가지 입장을 갖고 읽을 수 있다는 것을 배웠어요."

다양한 생각이 서로 공존할 수 있음을 배우는 토론 수업은 스스로 깨닫는 시간입니다. 어떻게 책을 읽고, 생각해야 하는지를 느끼게 됩니다. 한 가지의 관점만으로 책을 읽는 것이 아니라, 책의 주인공 및 등장인물의 입장을 다양하게 읽을 수 있다는 것도 알게 됩니다.

토론하는 목적은 책을 잘 읽었나 내용을 확인하는 것이 아닙니다. 책에 나온 내용을 확인하며, 맞고 틀리는 식의 질문을 던지는 것은 의미가 없습니다. 독서 퀴즈식으로 책 내용을 파악하는 수업도 물론 포함이 되지만, 단순한 O, X식의 질문 답하기는 토론의 진정한 목적이 아닙니다. 아이들은 토론 수업에 깊이 빠져들면서 스스로 다양한 관점을 만들어가면서 책을 읽는 것이 중요합니다. 또한 독서토론을 하면 자신이 좋아하는 분야의 책도 있지만, 그렇지 않은 책도 있습니다. 편중된 독서 습관을 지닌 아이들도 토론을 통해 관심사가 넓어집니다. 어떤 이들은 토론 교사가 지정해 주는 책을 토론하기 때문에 편협한 독서 태도를 가질 수 있다고 염려하기도 합니다. 이 경우 일부는 맞고 일부는 틀립니다. 예를 들어 지식정보책, 과학류의 책만 좋아하는 아이들은 사실적인 내용을 확인하는 식의 수업을 좋아합니다. 마음으로 느끼고 감정을 표현하는 것은 힘들어합니다. 이런 아이들이 다양한 문학작품을 읽고 타인의 삶을 공감하는 훈련을 통해서 세상에는 여러 종류의 삶이 있음을 자연히 깨닫게 되겠죠. 자연과학적 지식도 살아가는 데 필요하지만 마음으로 보는 눈도 필요함을 알게 될 것입니다. 아이들은 자연히 관심사가 넓어지면서 스스로 다양한 책을 선택할 수 있는 안목도 높아집니다.

좋은 음악, 아름다운 음악을 많이 들으면 시끄러운 소리나 소음은 음악이 아니라고 느끼게 됩니다. 토론 수업은 좋은 책에 대한 안목을 스스로 찾는 시간입니다. 좋은 음악을 골라 듣듯이 좋은 책을 골라서 토론을 하게 되면, 아이들은 어떤 책을 선택할 때 자신만의 기준과 관점이 생기게 됩니다.

30대 직장인 J는 1년에 책을 200권 이상 읽지만 자기계발서와 실용서가 대부분입니다. 편중된 독서 습관으로 문학이나 깊이 있는 인문 서적은 읽어내지 못합니다. 누군가 책을 읽는 습관에 대한 조언이나 자극이 전혀 없기 때문에 자신이 선택한 기준만으로 책을 고르게 되었습니다. 수년 동안 자신의 기준에서 좋다고 생각되는 책만 열심히 읽어온 것입니다. J는 그 어떤 누구도 자신에게 책에 대해 조언을 해주지 않았다고 합니다.

마찬가지로 아이들이 토론 수업을 통해서 지정도서만 읽는다고 하여 스스로 책 고르는 능력이 떨어지는 것은 아닙니다. 오히려 책을 다양하게 읽을 수 있는 안목이 생겨날 수 있습니다. 강릉 여행에서 자주 찾는 책방이 있습니다. 바로 '안목책방'입니다. 책방 입구에 이런 글귀가 적혀 있습니다.

'인생의 안목을 키우는 공간'

여행지에서 책방을 찾으며 낯선 공간에서 새로운 책을 만나는 것만으로도 안목이 키워진다는 뜻일까요? 안목은 저절로 생기지 않습니다. 키워나가는 것입니다.

어릴 적 영양가 높은 음식을 골고루 먹는 경험을 한 아이들은 편식할 확률이 낮고, 음식에 대한 거부감도 줄어듭니다. 독서도 같은 맥락으로 이해하면 됩니다. 토론을 통해서 새로운 세계를 경험하고, 자신의 앎을 확장해 나가는 아이는 다양한 분야의 책에 대한 거부감도 줄어듭니다. 또한 스스로 책을 선택할 줄 아는 능동적이고, 균형 잡힌 독서 습관을 갖는 아이로 자라게 됩니다.

소라샘 어드바이스

- 좋은 책을 먼저 접하게 합니다. 방부제나 첨가물 없는 유기농 음식을 오랫동안 먹는 사람들은 금방 조미료 많이 든 음식에 거부감을 느끼는 것과 같습니다.
- 주인공의 행동의 긍정, 부정성을 모두 생각해 보도록 합니다 .
- '나는 다르게 생각해' 라고 말할 수 있는 자유로움을 허락합니다.

6
내 안의 창조성을
깨우는 토론

"엄마!"

라고 처음 아이가 말을 내뱉었을 때의 순간이 기억납니다. 정말 감격스러운 장면입니다. 많은 부모는 아이들이 생전 처음 말을 했을 때의 감격을 마음속에 간직하고 있습니다. 아이가 무언가 손에 쥐고 *끄적거리는* 순간 자체도 놀랍습니다. 무슨 말인지 알 수 없는 단어들을 옹알거려도 '잘한다, 대단하다'고 칭찬합니다. 우리들은 모두 세상에 태어날 때 창조적인 에너지를 갖고 태어납니다. 세상에 자신의 존재감을 드러내는 것, 그리고 내가 표현하고 싶은 것들을 음악으로 그림으로 또한 언어로 표현하는 것은 본능적인 행위입니다. 창조적 역량은 누군가와 비교할 수 있는 것이 아닙니다. 자기 안에 말하고 싶은 무언가를 표현하는 행위는 자연스러운 일입니다.

'창의력'이라는 키워드가 대세입니다. 창의력을 계발시키기 위한 수많은 교육과 교재들이 있습니다. 창의력을 키우기 위한 수업이라고 만들어진 것들을 가만히 들여다보면 또다시 정형화된 어떠한 것, 어른들이 만들어놓은 규칙에 따라 뭔가를 만들어나가는 경우가 많습니다. 창의력을 지닌 아이들이 '영재' 혹은 '똑똑한 아이'라고 규정짓는 것도 문제겠죠.

유럽의 숲 유치원들은 대부분 기성품으로 만들어진 장난감이 거의 존재하지 않는다고 합니다. 대신 나뭇가지, 물, 모래, 진흙 등 자연물 그대로의 재료만 있을 뿐입니다. 교구라고 하는 것 하나 없이 썰렁한 곳도 있습니다. 하지만 우리나라의 교육에서 창의력을 높이기 위해서는 구조화된 교구로 정해진 모양을 만들라고 가르치죠. 아이는 또다시 정해진 틀 안에서 활동하게 됩니다.

모든 어린아이는 예술가로 태어납니다. 창조적 본능을 갖고 태어나죠. 처음 색연필을 쥐고 마음껏 그림을 그리는 아이들은 누구의 평가도 간섭도 두려워하지 않습니다. 자기가 표현하고 싶은 것들을 세상에 끄적거릴 뿐입니다. 처음 옹알이하는 어린아이들 그리고 뜻을 알 수 없는 말, 음악 같지도 않은 노래를 부르는 아이들이 있습니다. 세상에 처음 자기 목소리를 내고, 자신을 표현하는 아이들은 어떠한 검열도, 누군가의 평가도 두려워하지 않습니다. 모든 사람 안에는 잠자고 있는 어린 예술가가 있습니다. 잠재된 창조성이 있습니다. 자신을 세상에 알리고 표현할 때 즐거움을 느끼고 비로소 '내가 살아있구나'라고 생각하며 행복감을 느낍니다.

그렇다면 토론 수업과 예술적 창조성은 관련이 있을까요? 토론 수업으로 창조적인 능력을 키울 수 있을까요?

토론 수업을 할 때는 누군가 다른 사람 앞에서 생각을 말하기 때문에 형식으로부터 완전히 자유로운 수업이 아닌 것처럼 여겨집니다. 또한 '내가 이 말을 할 때 다른 사람이 어떻게 볼까?'라는 생각 등 끊임없이 자기검열 과정을 거치기 때문에 창조적인 수업과는 거리가 멀다고도 느낍니다. 하지만 독서토론 수업을 진행하면서 느끼는 것은 아이들의 '생각'을 '말'로 끄집어내는 과정 그 자체가 놀랍도록 창의적인 행위임을 기억해야 합니다.

『꽃들에게 희망을』이라는 책을 2학년 아이들과 토론할 때입니다. 애벌레가 번데기가 되고, 다시 나비가 되는 과정이 줄거리입니다. 애벌레로 사는 것이 삶의 전부가 아닐 거야 라고 생각한 노랑애벌레와 호랑애벌레의 고민이 책에 드러나 있습니다. 아이들이 혼자서 책을 읽을 때는 그냥 그림을 보고,

글만 읽으면서 쉬운 내용이라고 생각합니다. 하지만 토론을 진행해 나가면서 좀 더 깊은 생각, 나만의 생각을 찾아가는 아이들을 볼 수 있습니다.

"선생님 호랑애벌레가 애벌레 탑을 올라가면서 위에는 무엇이 있을까 궁금해하잖아요. 그런데 생각해 보니깐, 저도 궁금한 것들이 많아요. 학교는 왜 갈까, 숙제는 왜 할까, 엄마가 학원을 왜 가라고 할까, 나는 커서 무엇이 될까. 이런 생각들이요. 이 책을 읽으니깐. 내가 그동안 부모님이나 선생님이 시켜서 하는 일이 많다는 생각이 들어요." (김수린, 3학년)

"선생님, 그런데 노랑애벌레처럼 그냥 무조건 나비가 될 수 있다고 믿기만 하면 나비가 되는 건 아닌 것 같아요. 우리도 그렇잖아요. 만약에 내가 피아노 대회에 나가는데 '꼭 1등을 해야겠다'고 생각만 하고 연습을 안 하면 안 되잖아요. 열심히 연습하고 노력하는 것도 필요한데 그냥 마음속으로 믿는다고 다 되는 것은 아닌 것 같아요." (박혜성, 3학년)

3학년 아이들이 이런 표현을 하는 것이 놀라웠습니다. 창조성이란 특별한 재능이 아닙니다. 자신 안의 고유한 생각을 가감 없이 표출하는 것입니다. 규격화된 틀에 또다시 맞추려는 말이 아닙니다. 답이 맞고, 틀렸다고 평가하는 시간이 아니기 때문이죠. 아이들은 자신의 말을 인정하고, 받아줄 수 있는 분위기 속에서 창조를 경험합니다.

『창의성의 발견』(최인수 저, 쌤앤파커스)에서는 '창의성'에 관한 다음과 같은 말이 나옵니다.

창의적 산물은 단지 한 개인의 능력이 탁월하다고 해서 만들어지지 않는다.

창의적 산물은 뛰어난 재능을 가지고 있는 사람들의 아이디어가 제대로 평가되고 선택되어야만 탄생할 수 있다. 『창의성의 발견』 p.63

창의적인 개인이 있다면 그들이 내놓은 아이디어를 평가하고 선택하는 사람들이 필요하며, 그것을 문화적으로 수용할 수 있는 환경이 필요합니다. 홀로 독특한 아이디어를 내놓는다고 해서 세상이 창의성을 알아주는 것은 아닙니다. 내 생각을 지지해주는 문화적 환경과 긍정적인 평가자가 중요합니다. 그렇기 때문에 내 안의 창조성을 꺼내기 위해서 자유로운 토론의 장이 필요합니다. 누군가로부터 완전히 지지받는 분위기 속에서 자신이 존중받고 인정받는 경험, 바로 토론의 현장에서 내 생각의 독특함을 발견하는 것은 창의성을 높이는 방법의 하나입니다.

소라샘 어드바이스

- 토론처럼 말로 표현하는 행위 자체가 예술적 표현활동이라고 생각합니다.
- 창의성을 키우는 것은 '재료'를 가공해나가는 과정입니다. 토론은 창의성을 키우기 위해 좋은 재료를 많이 만드는 일입니다.
- 예술적인 감수성은 자유로운 분위기에서 자라납니다.
- 나의 말이 인정되고 수용되는 분위기에서 창의성이 생겨납니다.
- 토론 할 때 아이들 발언에 대해서 검열하고 평가하지 않습니다.

7

시간이 걸리는
배움

토론 수업의 기대효과를 단기간에 얻고자 하는 학부모를 만날 때가 있습니다. 짧은 시간 동안 아이들이 달라지길 원합니다. 아이들이 토론하는 모습을 보면 때로는 정신없고 산만할 때가 많습니다. 상대방 의견에 배려하거나 이해하지 못하는 경우가 태반입니다. 싸움도 일어나고 감정적인 말이 오갑니다. 토론이 아니라 '난장판'이라고 생각될 때도 있겠죠. 수업이 아니라 '노는 거 아냐?'라고 오해하기도 합니다.

"야, 너는 글씨도 제대로 못 쓰냐?"

"선생님 수아는 맨날 자기 말만 해요. 시끄러워요"

"너, 그거 틀렸거든?""재혁이가 저 자꾸 때려요."

"할 말이 없어서 말하기 싫어요."

조용할 날이 없는 저학년 아이들 수업은 처음부터 세련되지 않습니다. 어설프고 가공되지 않은 모습입니다. 다른 친구가 한 말 때문에 상처를 받거나 울기도 합니다. 스스로 맞았다고 정답을 확인받고 싶어 하는 모습도 보입니다. 아이들의 이런 모습은 당연합니다. 토론 수업 몇 번 했다고 발표력이 좋아지고, 생각을 자유롭게 표현할 수 있을까요? 그룹 수업을 하면서 아이들이 서로를 조율해나가는데도 시간이 걸립니다. 다름을 이해하고, 수업에 재미를 느끼기까지 시간이 걸립니다. 어른들도 새로 만난 사람들과 알아가는 데 시간이 필요한데, 아이들도 마찬가지겠죠. 배려나 이해와 같은 덕목은 학원에서 문제 풀이 하는 식으로 배울 수 없는 가치입니다.

아이들끼리 성격이 맞지 않는다고 하면서 자기 애와 비슷한 아이들과 다시 그룹을 짜 달라는 부모님도 있었습니다. 토론 수업을 통해 서로 싸우거나 감정이 격해질 때면 배우는 것이 별로 없는 시간이라고 여기기도 합니다. 하지만 토론을 통한 배움은 상당히 시간이 걸립니다. 상대방 때문에 감정이 상할 때 어떤 식으로 풀어나가야 하는지 스스로 터득해야 합니다.

우리는 수많은 관계 속에서 살아갑니다. 관계 속에서 다름을 배우고 문제를 해결해갑니다. 이 과정에서 상대방과 내가 무엇이 같고 다른지 알게 됩니다. 해결책도 자연스럽게 알게 되죠. 처음에는 갈등 및 불일치 때문에 서로 맞지 않는다고 생각합니다. 그러나 자연스럽게 토론 기술을 익혀나가면서 온몸으로 관계를 배워나갑니다. 인정, 다양성, 포용력 등을 갖게 되는 열쇠가 토론입니다.

때때로 사람들은 다름을 인정하지 못합니다. 마녀사냥, 이단, 빨갱이 등의 용어가 난무하는 이유는 '나만 옳다'고 여기기 때문입니다. 상대방은 틀리고, 내가 옳다는 생각에 사로잡혀 있습니다. 흑백논쟁으로는 적군과 아군만 만들 뿐이죠. 사소한 문제로 나라 간의 전쟁까지 일어날 때가 있습니다. 옳고 그름을 판단하는 것으로는 우리 사회를 긍정적으로 발전시킬 수 없습니다. 싸움의 결과는 상처와 폐허뿐입니다. 사회가 진보하기 위해서는 다름에 대한 이해가 필요합니다. 사고를 제한시키고, 자유를 억압하는 것은 폐쇄적인 사회로 가는 지름길입니다. 성숙한 시민의식, 열린사고를 할 수 있는 태도를 갖추기 위해서 자유로운 토론이 필요합니다. 토론을 처음 지도하는 선생님이라면 시작부터 수업이 원활하지 않다고 실망할 필요가 없습니다. 저도 처음에 아이들이 논리적으로 말을 잘 못하거나 의견 불일치를 보일 때 스스로 자질이 없다고 생각했습니다. '나는 토론 선생님으로서 능력이 없나 봐'라고 생각하며 회의를 느꼈습니다. 수업이 잘 안 된 것에 대한 책임이 모두 나 자신에게 있다고 생각했거든요. 모두가 조화롭게 토론에 참여하고, 결론도 평화롭게 마무리되어야 잘 된 수업이라고 여겼습니다.

민주주의를 배우는 데는 시간이 걸립니다. 그것도 아주 오랜 시간이 소요됩니다. 반면 옳고 그름, 맞고 틀림의 이분법적인 사고는 빨리 결정하고 행동하게 만듭니다. 고민할 여지를 주지 않죠. 이것 아니면 저것이라는 단편적인 사고는 쉽고 편할 때가 많습니다. '예수 천국 불신 지옥!' 얼마나 심플한 종교적인 논리인가요. 단 하나의 답으로 인간의 행동을 재단하고 판단합니다. 사회가 이렇게 흘러간다면 다양성은 전혀 인정되지 않겠죠. 개성과 매력은 측정

불가능한 개개인의 강점이 될 수 있는데 말이에요. 토론을 할 때 시끌벅적한 의견 불일치는 필수 불가결한 과정입니다.

100퍼센트 모든 토론 수업이 계획대로 흘러갈 수는 없습니다. 사람이기 때문에 감정에 흔들리기도 합니다. 기분이 좋을 때도 있고, 나쁠 때도 있습니다. 그 과정에서 아이들은 조화로움을 배웁니다. 분쟁을 스스로 해결하기도 합니다. 토론은 단순히 말을 잘하거나 발표력을 향상시키기 위한 학습이 아닙니다. 함께 문제를 해결하고 서로 합의해나가는 지루한 과정일 수 있습니다. 수학 문제 풀 듯이 단박에 답이 나오는 과정이 아닙니다. 두통약 먹으면 두통이 금방 사라지듯 빠른 효과가 나타나는 것도 아닙니다. 토론 후 견해차가 좁혀지지 않고 감정이 불편해지더라도 토론은 의미 있습니다. 점점 아이들은 알게 모르게 서로 이해의 폭이 넓어집니다.

소라샘 어드바이스

- 토론 수업에서 다툼이나 분쟁, 감정충돌이 일어날 수 있음을 인정합니다.
- 토론을 통한 배움은 시간이 걸릴 수 있다고 생각합니다.
- 상대방에 대한 이해와 관용, 배려심은 관계 속에서 형성되는 자질입니다.

8
토론은 이기고 지는
게임이 아니야!

"선생님 오늘 찬성팀이 이겼어요? 반대팀이 이겼어요?"

이렇게 물을 때가 많습니다. 토론을 이기고 지는 게임으로 생각하는 아이들이 있습니다. 찬반을 나누어서 토론하면 굉장히 감정적으로 대립하게 됩니다. 토론을 잘한 팀에 대해 칭찬하거나 피드백을 하면 기분 상해하는 아이들도 있습니다. 심지어 자기 팀이 졌다고 울거나 화내기도 합니다. 아직 감정이 미숙한 아이들이기 때문입니다. 저학년 때부터 디베이트 형식의 대립토론에만 익숙해지면 몇 가지 문제가 생길 수 있습니다.

디베이트란?

한 가지 논제를 놓고 찬성 측과 반대 측, 판정인으로 나뉘어 엄격한 규칙에 의해 벌이는 찬반대립토론의 형태입니다. 최종적으로 결론에 도달해야 하며, 양자택일적 태도, 즉 찬성과 반대만이 허용되는 말하기입니다.

"선생님 우리 팀이 더 잘했는데 왜 반대팀이 점수가 높아요?"

판정하면서 이런 아이들 질문을 받을 때 곤란한 경우가 있습니다. 점수를 매길 때 공정하게 평가한다고 하지만 일일이 점수의 근거를 설명하여 아이들을 납득시키기 어려울 때가 있습니다. 판정할 때도 나름의 기준이 있습니다. 주장이 논제와 적합한지, 말하는 자세와 태도가 정확한지, 자료준비 및 분석이 적절한지 등의 기준에 따라 점수를 매깁니다. 점수와 성적에 길들여진 아이들은 토론에서도 어김없이 그런 태도를 보입니다. 토론은 싸워서 이기고 지는 게임이 아님에도 불구하고 아이들은 높은 점수를 원합니다.

독서토론에서 자연스럽게 찬반대립토론이 이어질 때가 있습니다. 이때 평가에 의존해서는 안 되겠죠. 물론 토론 규칙과 판정 근거를 아이들도 알아야 하겠죠. 몇 가지 기준을 갖고 공정하게 심사한다는 것을 보여주어야 합니다. 혹시라도 찬반토론을 할 때 따로 판정단을 두는 것도 좋은 방법입니다. 찬성팀, 반대팀, 판정단, 서기, 진행자 등의 역할을 정해 감정에 치우치지 않도록 합니다.

자칫 토론에서 말싸움으로 이기려고만 하다 말꼬리 잡는 식의 토론이 되기도 합니다. 앤서니 브라운의 『동물원』을 읽고 '동물원의 원숭이가 행복할까, 야생의 원숭이가 행복할까?'라는 주제로 토론을 해보았습니다. 토론 논제의 핵심은 '행복'이었는데, 아이들이 논점에서 벗어나 말꼬리 잡고 물어지게 되었습니다.

반대 : 동물원에 사는 원숭이는 스스로 먹이를 구할 수 있는 능력이 없어집니다. 동물원에 갇혀 살기 때문에 자유로운 환경이 아니어서 스트레스를 많이 받습니다.

찬성 : 요즘은 동물원도 야생으로 꾸며 놓아서 환경이 좋습니다.

반대 : 그렇지만 아무리 야생처럼 꾸며놓았다고 해서 자연과 똑같지는 않습니다.

찬성 : 아닙니다. 동물원이 있는 곳은 산이 많은 곳이어서 도시와 동떨어져 있습니다.

반대 : 동물원에 사는 원숭이는 절대 야생으로 돌아갈 수 없습니다. 동물원에 너무 적응돼서 금방 죽기 때문입니다. 그러니까 자연처럼 똑같이 만들어도 동물원은 좋지 않습니다.

이런 식으로 토론이 계속되면 다른 논의를 할 수 있는 기회가 줄어들겠죠. 서로 말한 것의 꼬투리를 잡아서 옳지 않음을 반박하는 식의 토론은 자칫 싸움으로 커질 수 있습니다. 토론을 맞짱뜨기, 말꼬리 잡기 등으로 인식하면 안 되겠죠. 독서토론에서 찬반논쟁은 이기고 지는 것이 아니라 서로의 다양한 의견을 나누는 과정 자체로 의미 있습니다.

디베이트 형식의 논쟁적인 토론은 상대방의 논리에 반박하고 자신의 주장을 강하게 내세우게 됩니다. 옳고 그름으로 입장 차이를 나눠 토론하게 됩니다. 이미 시작부터 반대 입장에 대한 강한 감정적인 벽이 생긴 상태이죠.

따라서 디베이트가 잘 되려면 어느 정도 토론 기술에 능숙한 아이들이어야 합니다. 고학년 이상부터 디베이트 훈련을 하면 좋습니다. 단 저학년 (1학년 ~3학년) 시기는 자유로운 비경쟁적 독서토론을 하면서 자유롭게 표현하고 인정받는 경험을 해야 합니다. 비난과 비판이 아닌 인정과 칭찬이 우선입니다. 누군가가 나에게 '틀렸다', '옳지 않다', '그건 아니지'라고 말한다면 기분이 좋지 않습니다. 토론도 상대방과 나와의 감정교환입니다. 좋은 에너지를 주고받으며 기운을 상승시킬 수 있어야겠죠. 디베이트는 논리적·비판적 사고를 향상시키는 기술이지만 충분히 토론 주제에 대한 사전지식을 익히고 토론의 방식을 익혀야 합니다. 무엇보다도 토론은 이기고 지는 것과 무관하게 즐거운 놀이라고 생각해야 합니다. 대립토론보다는 자유토론으로 자유롭게 의견을 표현하는 과정을 충분히 경험하는 것이 좋습니다.

소라쌤 어드바이스

- 토론은 한 쪽만 이기고 지는 게임이 아닙니다.
- 저학년 시기에는 디베이트보다 비경쟁적인 자유토론이 필요합니다.
- 디베이트가 잘 되기 위해서는 사전지식이 필요하고, 토론의 기술을 익혀야 합니다.
- 공정한 판정을 위해 어떤 기준으로 판정이 이루어지는지 논의하는 과정을 갖습니다.

2장

토론과 친해지는
토론법

미국 작가 메리 올리버의 글 중 "이 우주가 우리에게 준 두 가지 선물, 사랑하는 힘과 질문하는 능력"이라는 글귀가 있습니다. 사랑과 질문은 어쩌면 하나가 아닐까요? 사랑하는 사람은 상대를 향해 끝없이 질문을 던지기 때문입니다.

연애하거나 좋아하는 사람이 생기면 시시콜콜 궁금한 것이 많아집니다. 사랑하는 사람에 대한 감정은 바로 호기심과 궁금증입니다. 저 역시 연애를 할 때 상대방 혈액형이 무엇인지, 어디 사는지, 아침밥은 무엇을 먹었는지, 어떤 책을 좋아하는지, 어린 시절은 어떠했는지 등등 궁금한 것투성이였습니다. 좋아하고 마음에 드는 상대가 생기면 질문하게 됩니다.

이와 마찬가지로 토론에서의 핵심은 서로 좋은 질문을 찾아내는 것입니다. 생각하는 과정을 끌어내고 질문에 대한 답을 머릿속으로 찾아갑니다. 토론 진행자의 가장 큰 역할은 질문을 잘하는 것입니다. 아이들에게 책의 내용을 일방적으로 설명하기보다는 스스로 말하도록 하는 것이 중요합니다.

1

질문이 곧
선생이다

보통 『흥부전』을 읽고 난 후 '흥부는 착한 마음씨를 가졌다'고 단정을 내리게 됩니다. 권선징악의 주제가 선명한 옛이야기 속에서 착한 사람은 복을 받는다고 받아들이죠. 그런데 단정적인 문장을 질문 형태로 바꾸어 볼까요? '흥부는 진짜 착한 마음씨를 가진 사람일까?'라고 의심을 하는 질문으로 만드는 거예요. 이렇게 질문을 던지면, 나도 모르게 이유를 찾으려고 합니다.

획일적인 답을 내는 것이 아니라 스스로 자신만의 답을 찾아 나가는 것이 토론입니다. 토론진행자는 말을 잘하는 능력보다는 잘 듣는 능력이 필요합니다. 학창 시절 가장 기억에 남는 선생님을 떠올려 보면 수업을 기가 막히게 잘하는 선생님이 아니었습니다. 내 이야기에 잘 공감하고 경청해주는 선생님이 오랫동안 마음에 남습니다. 고등학교 졸업 후 10년이 훌쩍 지나 고3 담임 선생님을 찾아간 적 있었는데, 저에게 "소라야, 그때 사고뭉치 남동생은 잘 지내고 있니?"라고 물어봐 주셨습니다. 10년도 지난 저의 소소한 가정사까지 기억하고 마음을 다독여주셨던 분입니다. 아이들은 잘 가르치는 사람보다 잘 들어주는 선생님을 좋아합니다.

저는 토론을 진행하면서 메모를 많이 합니다. 아이들이 한 말을 기억하기 위함입니다. 사람은 자기의 말을 기억해주는 누군가에게 고마움을 갖습니다. 예를 들어, "○○이가 조금 전에 마음은 보이지 않는 게 아니라 행동으로 보일 수 있다고 한 말에 대해서 어떻게 생각하니?"처럼 아이가 한 말을 그대로 인용하는 것입니다. 자신이 한 말을 누군가 다시 언급해준다면 자신이 존중받는 느낌을 받습니다. '내가 한 말을 선생님이 기억하고 있구나', '선생님은 내 말을 잘 들어주시는구나'라고 생각하게 되면 토론에 대한 마음이 깊어집니다. 자신이 금방 한 말을 잘 기억하지 못할 때가 있는데, 토론 진행자가 한 번 짚어준다면 기억을 환기하는 효과도 있습니다. 책을 더 잘 읽고 싶을뿐더러 토론의 재미까지도 느끼게 되겠죠.

토론을 이끄는 진행자는 다양한 질문 스킬이 필요합니다. 토론 시 사용하는 논제뿐 아니라 자연스럽게 진행하며 참여를 끌 수 있는 질문을 고민해보아야 합니다. 하나의 논제에서 다음 내용으로 넘어갈 때 적절하게 끊을 수 있어야 합니다. 좀 더 깊이 생각해 보아야 할 다른 논제를 즉흥적으로 제시할 수도 있습니다. 말을 하지 않는 참가자를 독려하는 질문도 필요합니다. 다음의 질문 리스트는 토론의 진행을 매끄럽게 하고, 관심을 끌어내는 질문입니다.

Q1. 방향을 확립하는 기본 질문
 - 이 질문에 대해 너희들은 어떻게 생각하니?

- 이 책의 주제는 무엇일까?

- 작가가 말하고자 하는 건 무엇이었을까?

- 작가가 만약에 우리와 함께 있다면 어떤 말을 하고 싶을까?

Q2. 아이디어와 차이를 다루는 질문

- 조금 전 OOO가 말한 것과 비슷한 생각을 하는 사람은 누구니?

- 두 사람의 의견이 어떻게 다른지 설명해 볼 수 있겠니?

- OOO와 다른 의견이 있는 친구는 누구니? 왜 그렇게 생각했니?

Q3. 다음 단계로 나아가기 위한 질문

- 그럼 다음 질문을 살펴볼까요?

- 다음 논제를 OOO가 읽어보겠니?

- 지금까지 말한 것을 한 문장으로 정리해볼 수 있을까?

Q4. 해명 혹은 명확한 의견을 정리하기 위한 질문

- OOO가 "무엇무엇이다"라고 말한 것 같은데, 선생님이 이해한 것이 맞니?

- 조금 더 자세히 이야기해보거나 예를 들 수 있겠니?

- 비슷한 자신의 경험이 있니?

- 이런 일이 우리 사회에도 일어날 수 있을까?

- 선생님이 이해가 잘 안 되는데 부연설명해 보겠니?

- 사전에서 한 번 찾아볼까?

Q5. 특정인을 지목하는 질문

- OOO가 말해보겠니? 얘기해볼 수 있겠니?
- OOO이 말한 것을 OOO가 다시 한번 설명해 줄 수 있겠니?

Q6. 아이디어나 대안을 찾도록 만드는 질문

- 어떻게 할 수 있을까?
- 다른 방식으로 생각할 수 없을까? 더 좋은 아이디어가 있는 사람?
- 나만의 실천 방법이 있다면 무엇이 있을까?

Q7. 주의를 환기시키는 질문

- 지금 논점에서 벗어난 것 같은데, 다시 원래의 질문을 생각해 보면 어떨까?
- 반대하는 의견이나 덧붙일 의견 있니?

Q8. 정리하는 질문

- 지금까지 길게 토론해보았는데, 오늘의 배움을 한 문장으로 정리해보면?
- 오늘 토론 소감을 세 단어로 정리해볼까?
- '이 책은 바로 OOO에 관한 책이다'로 정리해볼까?

2
짝 토론

대부분의 사람이 가장 싫어하는 병원은 어디일까요? 아마도 치과가 1번으로 나오지 않을까요. 저도 아이가 어렸을 때 치과에 가서 치료를 한 번 받게 하려면 정말 애를 먹은 적이 있습니다. 치과에 들어서기도 전에 울고불고 난리를 칩니다. 기계에서 나는 다양한 소리를 듣기만 해도 두려워집니다. 그런데 치과 의사 선생님 중 아이를 잘 다루는 분이 계셨습니다. 일방적으로 눕히고 치과 진료를 시작하지 않고 이렇게 말을 했습니다.

"오늘은 그냥 병원 구경만 할 거야. 어떤 것이 있는지 한 번 살펴볼까?"라고 질문을 건네시는 거예요. 아이는 "이건 뭐하는 거에요?" "주사기는 어디 있어요?" "이빨 사진이 어떻게 컴퓨터로 나와요?"라며 궁금한 것을 묻기 시작했습니다. 몇 가지 대화가 오간 후 진료실 분위기에 익숙해지고, 의사 선생님이 열린 마음으로 대답을 해주시면서 아이는 마음이 조금 전보다 누그러졌습니다. 겨우 5분 만에 일어난 일입니다. 의사 선생님은 "오늘은 사진을 찍어보고, 어디 충치가 생겼나 살펴보기만 할 거야"라고 말하면서 아프지 않을 것을 약속했습니다. 입을 벌리고 누운 후에도 거울로 입속을 보여주면서 상세하게 설명해 주셨습니다. 결국 1시간 넘게 아이는 얌전히 누워서 어렵고 힘든 치과 진료를 무사히 마쳤습니다. 그다음 날부터 3일간 연속으로 치과 진료를 잘 받았습니다. 이후 부담감 없이 스스로 치과를 찾아가기도 하고, 진료실을 내 집처럼 생각하면서 거침없이 다니게 되었죠. 치과 진료를 잘 받게 하려면 분위기에 익숙하게 만들고, 의사와 친밀한 교감이 있어야 합니다.

아이들 뿐 아니라 대부분의 사람은 분위기와 장소에 민감합니다. 어떤 곳에 가면 편안하고 안락하지만, 어떤 곳은 낯설고 불편합니다. 어떤 날은 사람들이 많아도 편안하게 말을 잘 할 때도 있지만, 어떤 날은 주눅 들거나 얼굴이 빨개지기도 합니다. 토론할 때 참가한 사람들이 서로 친밀해지는 시간을 갖게 하려면 마음을 나누는 대화가 필요합니다. 여러 사람 앞에서 자기를 소개하는 것이 힘들 때는 '짝 토론'으로 2인이 대화하는 것으로 시작하면 좋습니다. 둘씩 짝을 지어 서로 친해지는 시간을 먼저 가져보는 거예요.

예를 들어 자신에 대한 특징을 한 가지 종이에 적습니다. "나는 어디에서나 잠을 잘 자는 사람이다. 머릿속이 복잡하거나 당장 내일 중요한 시험이 있어도 잠을 잘 잔다"라고 적었다면 이 내용을 보고, 상대방이 질문을 던지는 거예요. 질문의 개수는 상관없지만, 5개 혹은 10개 등 정해주면 진행이 수월해집니다.

"잠을 잘 자는 비결이 뭐라고 생각해?"

"잠자기 전에 꼭 하는 것이 있다면?"

"어떤 베개를 베고 자?"

"잠자는 게 왜 중요하다고 생각해?"

"잠잘 때 어떤 꿈을 꿔?"

"침대에서 자, 바닥에서 자?"

"이불 색깔은 뭐야?"

"몇 살 때까지 부모님이랑 잠을 잤어?"

"너는 잠버릇이 뭐야?"

"코 골아?"

질문하는 사람은 질문만 계속하고, 대답하는 사람은 대답만 합니다. 10가지 질문과 대답이 끝나면 순서를 바꿉니다.

짝 토론은 토론이라기보다 대화나 수다에 가깝습니다. 단, 서로를 알아가는 친밀감의 시간이라고 생각하면 좋습니다. 다수가 모인 토론 자리에서 옆 사람 혹은 앞, 뒤 사람과 짝을 지어 이야기를 해보라고 하면 의외로 말문 열기가 쉽습니다. 처음 만나는 토론 참가자들과 낯설고 어색한 분위기를 해소해주기도 하죠. 참고로 저는 강의 시작할 때도 옆 사람과 짝지어 간단한 주제로 이야기 나누는 시간을 갖곤 합니다. 강의 오프닝으로도 효과적인 방법입니다. 다수 앞에서 발표하는 것을 부담스러워하는 성인들 역시 짝 토론은 편안한 말문 열기의 시작입니다. 혈액형, 생일, 좋아하는 계절, 키나 신발사이즈,

아침 식사메뉴 등 별것 아닌 편안한 주제로 대화를 해도 재미있다고 까르르 웃게 합니다. 무거운 분위기를 벗어나, 강의나 토론에 몰입할 수 있는 말랑말랑한 분위기를 만들어줍니다.

짝 토론

- 2인 1조로 짝을 짓는다
- 자신만의 특징 한 가지를 종이에 적는다
- 상대방이 쓴 내용을 보고 옆 사람이 질문을 한다
- 짝을 바꾸어 한 사람은 질문하고, 다른 한 사람은 대답한다.

질문의 예시

취미는 무엇인가요?

나의 단점은?

나의 스트레스 해소법은?

내가 도전하고 싶은 일은?

내가 꼭 여행하고 싶은 나라는?

내가 그동안 성취한 일은?

나에게 100만 원이 생긴다면?

나의 이상형은?

좋아하는 연예인은?

좋아하는 음식은?

사고 싶은 물건이 있다면?

3
진진가 토론

진진가 게임 방식을 활용한 토론 방법이 있습니다. '하얀 거짓말'이라고도 합니다. 나에 대해 '진짜, 진짜, 가짜' 세 가지를 사람들 앞에서 말하는 것입니다. 그리고 듣는 사람이 한 가지 거짓을 찾아내는 게임 방식의 토론법입니다. 거짓을 찾아내기 위해서는 상대방 말을 열심히 경청해야겠죠. 진짜가 아닌 내용을 맞히는 재미까지 있어 몰입도가 매우 높습니다. 예를 들어,

나는 스킨스쿠버를 해 본 적 있다.
나는 방 청소하는 것을 매우 좋아한다.
나는 마라탕을 먹어본 적 있다.

위 세 가지 문장 중 틀린 것은 바로 2번입니다. 저는 방 청소하는 것을 별

로 좋아하지 않습니다.

돌아가면서 진진가로 자기소개를 하면서 토론 분위기가 무르익도록 화기애애하게 만들 수 있습니다. 이렇게 친밀한 분위기 속에서라면 이후 독서토론이 훨씬 재미있겠죠.

4
자리 배치와
이름표 만들기

토론은 서로 얼굴이 마주 보는 자리 배치가 되어야 합니다. 강의식 좌석 배치는 경직된 분위기를 만듭니다. 칠판을 보고, 아이들이 일제히 선생님을 바라보고 있는 구조에서는 자연스럽게 말하기가 힘듭니다. 강연장 형태의 좌석 배치가 아니라 원탁형이나 ㄷ자형 좌석 배치가 좋습니다. 자리도 서로 동등한 입장이라는 느낌을 주어야 합니다. 위압감을 주는 공간 배치는 참여자들이 쉽게 말하기 어렵습니다. 강연장에서 강의가 끝난 후 "혹시 질문이 있다면 손을 들고 말해보시겠어요?"라고 말했을 때 쉽사리 손을 들기 어렵습니다. 자신이 특별하게 주목받는 자리에서는 평가받는다고 생각하기 때문이죠. 서로 수평적인 관계라고 여길 때 말문을 열게 됩니다.

이름표를 미리 만들어두는 것도 좋습니다. 이름표가 놓여 있고, 자리도 지정되어 있다면 '내가 있어야 할 곳'이라는 생각을 하게 되면서 왠지 존중받는 느낌이 듭니다. 토론 시작 전에 아이들과 함께 이름표 만들기부터 토론의 과정으로 시작해도 좋습니다. 저는 주로 A4 종이를 삼각형으로 접어서 세워두는 형태로 이름표를 만들어서 씁니다. 이름표 때문에 쉽게 이름을 외울 수 있게 되고, 토론할 때도 서로에 대한 깊은 앎이 생깁니다. 사소한 것이지만 이름표를 만들어두는 것부터 신경 써 보세요. 약간의 수고로움이지만 작고 섬세한 행동 하나로 참가자들의 마음이 열립니다.

산만해지지 않는다면 마실 것과 다과를 준비합니다. 마시거나 먹으면서 이야기할 때 경계를 풀 수 있습니다. 단 저학년 아이들은 먹는 것이 앞에 있으면 분위기가 산만해지기 때문에 주의합니다.

5
책 표지로
토론하기

책을 읽지 않아도 책 표지만으로도 토론이 가능할까요? 책을 읽기 싫어하는 아이들이나 토론을 처음 접하는 학생도 쉽게 토론에 빠질 수 있는 '책 표지 토론'이 있습니다. 책을 펼치지 않았지만 책에 대해 흥미를 끌어낼 수 있습니다. 책 제목이나 표지만으로도 충분히 토론이 가능합니다. 등산하기 전 워밍업, 준비운동이라고도 할 수 있겠죠. 충분히 스트레칭하고 몸을 깨운 다음 산에 올라가는 거예요.

1) 책 표지 그림 질문 만들기 토론 : 포스트잇을 활용하여 책 표지를 보고 생각나는 질문을 적습니다. 질문을 모아보고 의견을 나눕니다.

『도서관』(데이비드 스몰 그림, 사라 스튜어트 글, 시공주니어) 의 책 표지를 보고 아이들이 만든 질문입니다.

제목은 왜 도서관일까?

도서관은 어떤 곳인가요?

세상에서 처음 만들어진 도서관은 어디일까?

내가 가장 좋아하는 도서관은 어디인가요?

도서관에 가면 좋은 점은?

주인공은 왜 얼굴을 책으로 가리고 있을까?

주인공은 왜 책을 수레로 끌고 가는 걸까?

무슨 책을 읽고 있을까?

책의 좋은 점은 무엇이라고 생각하나요?

내가 가장 좋아하는 책은?

이렇게 질문을 만들고, 함께 토론하고 싶은 질문을 뽑습니다. 순위를 매겨 3가지 정도 선정하면 좋습니다. 책 제목과 표지 그림만으로도 충분히 토론이 가능한 활동이 될 수 있겠죠.

2) 책 제목 알아 맞히기 토론 : 표지 제목을 가리고 난 후 아이들과 제목을 상상해서 지어 봅니다. 표지 그림을 보고 책 내용을 예측하는 게임을 해보면 좋습니다.

제목을 가린 후 오지선다형 퀴즈를 내거나 새롭게 제목을 지어 보는 활동을 할 수도 있습니다.

예) 다음 중 이 책의 제목은 무엇일까? (정답 : ④ 도서관)

① 책에 빠진 아이

② 책수레

③ 읽는 아이

④ 도서관

⑤ 도서관에 간 소녀

3) 새롭게 책 제목 지어 보기 : 『도서관』이라는 제목 대신 내 마음대로 책 제목을 새롭게 지어봅니다.

예) '책 보물창고 도서관', '책을 사랑한 아이', '책 세계에 빠진 엘리자베스' 등등

이렇게 책 표지만으로 다양한 토론 활동을 통해 책에 관한 호기심이 커질 수 있습니다. 수영을 배우기 시작하는 아이들이 처음에는 물장구만 치면서 물과 친해지는 시간을 갖는 것처럼 말이죠. 처음부터 책의 바다에 풍덩 뛰어들어 파도를 헤치며 수영을 하는 것은 무리니까요. 조금씩 책에 스며드는 시간만으로도 충분합니다.

이와 연계해서 '책 표지 늘어놓고 이야기 만들기' 활동도 추가해 볼 수 있습니다. 책장에 꽂힌 책 표지 중 마음에 드는 것을 선택한 후 돌아가면서 스토리텔링 하는 거에요. 지금 책장에서 눈길이 간 표지 중 다음 10권의 책을

선택해 보았어요.

시골책방
최선의 삶
고발
일의 기쁨과 슬픔
꽝 없는 뽑기 기계
수레바퀴 아래서
오늘 밤은 굶고 자야지
동물농장
으리으리한 개집
비오니까 참 좋다

그다음 제목을 보고 한 사람씩 돌아가면서 이야기를 만들어 보는 거예요. 릴레이 스토리텔링을 하면 부담이 덜하고, 앞 사람 이야기를 경청하게 됩니다.

"아, 오늘은 '비오니까 참 좋다'. 내가 사는 곳은 '동물농장'도 있고, '시골책 방'도 있고, '으리으리한 개집'도 있는 한적한 도시의 외곽 마을이다. 어느 날 '꽝 없는 뽑기 기계'가 마을 슈퍼마켓 앞에 떡하니 생겼다. 돈을 넣고 뽑기 기 계를 돌렸더니 '수레바퀴 아래'를 찾아보세요~라는 쪽지가 나왔다. 수레바퀴 자국을 따라가 바퀴 아래의 흙을 파 보니, 놀라운 보물 지도가 나오는 것이 아닌가. 알고 보니 그것은 일제 강점기 친일파가 남겨놓은 재산이었던 것! 이

것을 남몰래 갖는 게 좋을까 아니면 '고발'해서 알려야 할까, 과연 무엇이 '최선의 삶'일까 깊이 고민했다. 그야말로 '일의 기쁨과 슬픔'이 교차하는 순간이었다. 그러나 거저 얻은 것은 거저 사라진다는 인생철학을 믿으며 아무리 큰 보물이 생겨도 내 것이 아니라는 생각이 들었다. 할 수 없다. 그냥 '오늘 밤은 굶고 자야지'. 그리고 일어나서 다시 생각해보자."

책과 친해지는 책 표지(책 제목) 릴레이 스토리텔링 재미있지 않나요? 딱딱한 형식이 아닌 자유로운 발상을 존중하는 분위기가 펼쳐지면서 앞으로의 토론에 더욱 몰입하게 될 거라고 생각합니다.

6
신호등 토론

신호등은 빨강, 노랑, 초록 세 가지 색깔로 된 교통 수신호입니다. 신호등과 같은 빨강, 노랑, 초록 종이를 나눠주고, 의사표시를 하는 방식으로 토론을 하는 방식이 '신호등 토론'입니다. 아이들이 자신의 입장을 세 가지 중 하나로 쉽게 표현할 수 있다.

질문에 동의하면 초록색 카드를, 반대하면 빨간색 카드를 선택합니다. 중립적인 입장 혹은 대답이 애매하다면 노란색 카드를 들어 입장을 표시합니다. 색깔 카드를 활용하면 아이들이 대략 어떤 의견인지 한눈에 알아볼 수 있습니다. 인원이 많을 때 특히 효과적입니다. 또한 질문에 대해서 자기 입장을 미리 생각해보게 됩니다. 신호등 토론은 일상생활의 가벼운 질문에서부터 책의 주제와 관련한 내용 및 인생과 연관 짓는 질문 등으로 확장할 수 있습니다.

신호등 토론 질문 예시

: 일상생활의 가벼운 질문에서부터 책의 주제로 확대한다. (빨강 – 부정, 초록
– 매우 긍정, 노랑 – 보통)

① 오늘 기분이나 컨디션은?

② 책을 다 읽었는가?

③ 아침을 먹고 왔니?

④ 자신의 모습에 만족스러운가?

⑤ 이 책에 대한 나의 평가는?

⑥ 주인공에 대한 나의 평가는?

⑦ 이 책의 결말에 대한 나의 평가는?

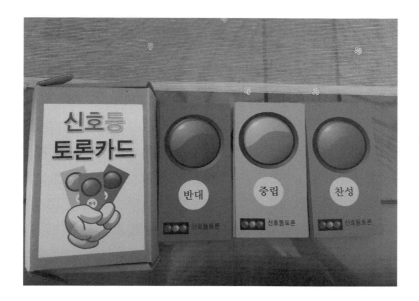

7
손바닥 토론

　손바닥 토론은 모둠원들이 함께 커다란 종이에 각자의 손바닥을 그리고 토론 질문에 대한 대답을 적어나가는 토론 활동입니다. 브레인라이팅 토론(메모하며 토론하기)을 좀 더 시각적으로 변형한 것이라 할 수 있습니다. 아래의 예를 한번 살펴보겠습니다.

 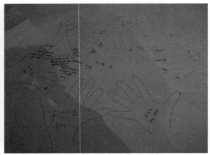

『행복한 청소부』(모니카 페트 글, 안토니 보라틴스키 그림, 풀빛)
준비물 : 전지 1장, 사인펜

1) 모둠별 전지 한 장을 준비하여 가운데 '행복한 청소부'라고 책 제목을 적습니다. 책을 상징하는 캐릭터를 그려도 됩니다.

2) 모둠원이 각자 자신의 손바닥을 그립니다. 손바닥을 그리면서 가운데 손바닥에는 자기 이름을 적습니다. 각자 다르게 생긴 손처럼 다양성을 느끼는 토론이 될 것입니다.

3) 손가락마다 진행자의 질문에 대답을 적습니다.

4) '행복한 청소부 손바닥 토론' 질문입니다.

① 엄지 손가락 : 이 책을 읽은 소감이나 느낌. 한 단어 (감정단어)로 쓰기
② 검지 손가락 : 청소부 하면 떠오르는 생각?
③ 중지 손가락 : 이 책에서 인상적인 구절, 문장 하나 발췌하여 쓰기, 이야기 나누기
④ 약지 손가락 : 가치카드나 버츄카드를 나누어 주고, 이 책의 주인공 청소부의 좋은 장점 미덕 2개씩 찾아서 적기
⑤ 새끼 손가락 : 책을 읽은 후 나만의 결심, 실천, 변화하고 싶은 부분 적기

5) 토론을 마친 후 모두 함께 손을 맞대고 화이팅을 외칩니다.

손바닥 토론은 말한 것을 정리하면서 좀 더 자기 생각을 글로 표현하는 힘을 길러 줍니다. 또한 함께 말하고, 함께 적기 때문에 능동적으로 토론에 참여하게 됩니다. 손바닥을 그리고, 책 내용에 대한 의견을 적고, 그림을 그려 꾸미는 등의 활동을 한 다음 마지막으로 벽면에 붙입니다. 토론 결과물이 한 번에 완성됩니다.

\# 다음은 『행복한 청소부』에서 인상적인 책 구절로 선정한 문장입니다.

- 더러움과의 싸움을 포기하지 않아.
- 그들의 고정관념은 수채통으로 들어가 타버린 종이 조각처럼 산산이 부서졌어.
- 내 자신의 즐거움을 위해서 합니다.
- 그건 안돼지, 이대로는 안돼.
- 좀 더 일찍 책을 읽을걸 그랬어. 하지만 모든 것을 다 놓친 것은 아니야.

8
버츄카드 토론

버츄카드는 '버츄프로젝트인터내셔널'이 개발한 인성교육 도구입니다. 인류 사회의 보편적 가치라고 생각되는 360여 가지 미덕 중 52가지를 임의로 정한 것입니다. 버츄프로젝트에서는 모든 인간의 내면에는 모든 미덕이 있다는 믿음에 기초하고 있습니다. 감사, 배려, 겸손, 화합, 협동, 인내, 성실, 용서 등 52가지의 미덕을 선별한 카드입니다. 버츄카드 자체만으로도 인성교육에 활용할 수 있지만, 토론 수업에 버츄카드를 활용하면 시너지 효과가 생깁니다.

버츄카드 기본 사용법

1) 서로 돌아가면서 버츄카드 뽑고 자신의 경험 이야기합니다. (그룹 활동)
 - 자신이 뽑은 버츄카드를 낭독합니다.

- 자신의 삶과 연관지어 이야기를 하고, 모둠원은 경청합니다.

2) 버츄카드 뽑고 자신을 성찰해봅니다. (개인 활동)
- 내게 필요한 미덕, 직면한 문제해결은 무엇일까 질문을 던지고 카드를 1장 뽑습니다.
- 자신이 뽑은 카드를 조용히 읽어 보고 필요한 미덕을 생각해봅니다.

3) 버츄카드 이용해 서로의 미덕 칭찬하기 (그룹활동)
- 서로의 미덕에 대한 버츄카드를 골라 읽어 주고 칭찬합니다.

이를 적용하여 독서토론에서도 버츄카드를 활용할 수 있습니다. 버츄카드 52장을 펼쳐 놓고, 주인공의 미덕에 관해 설명한 카드를 찾아 보는 것입니다. 예를 들어서 『괴물들이 사는 나라』를 읽고 주인공 맥스에 대한 버츄카드 토론을 해 볼 수 있습니다. 맥스는 구제 불능 장난꾸러기, 말썽꾸러기처럼 보이지만 정말 문제아로만 볼 수 있을까요? 그렇지 않습니다. 맥스와 비슷한 성향의 아이를 키우는 부모들이라면 공감할만한 책이며, 맥스에게도 좋은 미덕이 많습니다. 52가지 버츄카드를 살펴보면서 책 속의 '맥스'가 지닌 미덕을 찾아 보도록 합니다. 카드를 고른 후 왜 맥스가 왜 그렇다고 생각하는지 자기만의 이유를 말해봅니다. 버츄카드는 책의 등장 인물을 평가하거나 긍정적인 측면을 바라볼 수 있는 만듭니다. 등장 인물을 더 잘 이해하게 됩니다. 또한 미덕의 단어는 아이들에게 긍정적 언어의 힘을 길러 줍니다.

예) 『괴물들이 사는 나라』에 등장하는 맥스에게 어떤 미덕이 있을까요? 버츄카드에서 찾아보고 그 이유를 말해보세요.

- 맥스는 '**창의성**'이 뛰어나요. 방에 못을 박고, 빨랫줄처럼 만들어서 텐트를 치고 노는 모습을 보면 심심할 때 놀이 방법을 스스로 만들어낼 줄 알아요. 괴물나라에 가는 상상도 재미있어요.
- 맥스는 '**기뻐함**'이 있어요. 어떤 상황에서도 스스로 기쁨과 재미를 찾아내요. 괴물들과 노는 장면을 보면 진짜 기쁘고 신나게 노는 것 같아요.
- 맥스는 '**열정**'이 있어요. 열정적으로 항해하고, 괴물나라에 가서 괴물들의 왕이 되어요. 에너지가 넘치는 모습이에요.
- 맥스는 '**소신**'이 있어요. 남이 뭐라고 해도 자기 뜻을 굽히지 않는 모습이 있어요. 엄마가 물론 혼을 내고 맥스의 장난에 대해서 꾸짖지만, 자기 방식과 소신대로 생활해요. 긍정적이고 자신감이 있어요. 자기 주도적으로 이끌어나가는 힘도 있어요.
- 맥스는 '**용기**'도 있어요. 새로운 시도를 두려워하지 않고, 용감하게 맞서나가요. 괴물들을 보통 무섭다고 여기고, 두려워하지만 괴물들을 꼼짝 못 하게 하며 자신이 스스로 왕이 되는 모습이 그렇죠.
- 맥스는 '**유연성**'이 있어요. 어떤 뜻밖의 상황도 자유자재로 받아들이고, 고정관념의 틀을 벗어납니다. 유연한 사고는 부정적인 상황을 긍정적으로 바꾸는 힘이라고 받아들여도 되지요.

버츄카드 독서토론

- 버츄카드를 아이들이 돌아가면서 한 장씩 뽑아 보고 자신의 뽑은 미덕을 말해봅니다.
- 버츄카드에 대한 설명과 함께 그림책을 함께 읽습니다. (읽어주기 혹은 각자 읽기)
- 그림책에 등장한 인물의 미덕이 무엇인지 생각해봅니다.
- 버츄카드를 펼쳐 놓고, 미덕의 단어를 활용하여 주인공이 지닌 미덕을 말해봅시다.
- 주인공이 어떤 미덕을 지녔는지 이유를 덧붙여서 의견을 말합니다.
- 주인공의 미덕 중 나는 어떤 미덕을 가졌는지 주인공과 자신을 비교하면서 말해봅니다.
- 혹은 나는 주인공이 지닌 미덕 중 어떤 미덕을 갖길 원하는지 말해봅니다.
- 버츄카드로 주인공의 미덕 찾는 토론을 통해 얻은 것이 무엇인지 나누어봅니다.

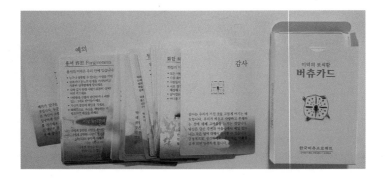

9

그림카드를 활용한
스토리텔링 토론

토론을 도와주는 다양한 도구 중 그림카드를 활용하면 효과가 좋습니다. 도란도란카드, 이야기톡 카드, 이미지프리즘카드 등 시중에는 다양한 그림카드를 구할 수 있습니다. 그 중 도란도란카드는 100장의 그림으로 스토리를 만드는 게임용 카드입니다. 도란도란카드(www.thefunedu.com, 더즐거운교육 구매 가능)를 이용하여 책을 읽은 소감, 질문에 대한 대답을 표현할 수 있습니다.

자신의 기분, 느낌, 소감, 의견 등을 말이 아닌 카드의 그림으로 대신하여 표현하는 토론이 스토리텔링 토론 입니다. 다양한 그림카드로 상황을 표현하면서 풍부한 생각을 말할 수 있게 될 거예요.

도란도란카드를 책상에 펼쳐놓고, 토론 진행자가 질문을 던지면 해당되는 카드를 고르는 형식으로 진행합니다. 그림책 『벤의 트럼펫』(레이첼 이사도라, 비룡소) 을 읽고, 스토리텔링 토론을 다음과 같이 해 보았습니다.

- 책을 읽은 후 자신의 소감, 느낌은 어떠했나요? 자신의 기분이나 소감을 표현하는 카드를 3장 골라서 말해보세요.
- 책에 등장하는 주인공 벤의 성격이나 특성을 표현하는 그림카드를 3장 골라서 왜 그러한지 설명해봅시다.
- 이 책의 결말 이후 어떤 이야기가 펼쳐질까요? 5장에서 10장 정도의 카드를 연결하여 뒷이야기를 상상하여 연결해 볼까요?
- 벤처럼 꿈을 이루어나가기 위해서는 어떤 자세가 필요할까요?
- 책을 읽고 벤을 응원하고 싶은 그림카드를 1장 골라 격려의 글을 써 봅시다.

토론을 위한
말하기와 듣기

아이들은 보통 언제까지 소리 내어 책을 읽을까요? 제가 어렸을 때를 기억하면 초등학교 교실에서 또랑또랑 책 읽는 소리가 자연스러운 모습이었습니다. 아마 1~3학년까지는 다 같이 합창하듯이 책을 낭독하는 수업이 일반적이었습니다. 그러나 최근 아이가 다니는 학교의 아침 독서 시간에 가보니 조용히 눈으로 책을 읽고 있었습니다. 책은 조용히 소리 내지 않고 읽어야 하는 것으로 생각하는 듯합니다. 홀로 눈으로 책을 읽는 아이들의 숨소리만 들렸습니다. 그러나 **묵독이 아닌 낭독은 온몸으로 읽는 독서의 기술**이라고 할 수 있습니다

우리 조상들의 책 읽기는 바로 '**낭독**'이었습니다. 조선 시대의 서당풍경을 보여주는 드라마나 영화를 보면 서당의 훈장님 앞에서 같은 책을 수십 번 반복하여 소리 내어 읽는 장면이 나옵니다. 여러 사람과 함께 같은 책을 읽는 것이 일반적인 독서법이었습니다. 소리 내어 책을 읽는 낭독을 하게 되면 한 글자 한 글자 정성 들여 읽게 됩니다. 자연스럽게 정독을 합니다. 눈으로 책을 읽으면 속독을 하게 되지만 눈의 움직임을 생각이 따라가지 못함으로써 앞서 읽은 내용을 금방 잊어버리게 됩니다. 낭독은 우뇌 개발형 독서라고도 합니다. 소리 내어 온몸으로 책을 읽으면, 글씨를 읽는 행위가 귀의 감각을 깨어나게 하고, 소리의 진동을 통해 몸이 반응합니다. 시각, 청각, 촉각 등의 반응이 복합적으로 연결되면서 뇌에 풍성한 자극을 줍니다. 단순히 책을 눈으로 보는 것이 아니기 때문에 온몸으로 기억하고 집중할 수 있게 되겠죠.

헬스장에서 운동할 때 한 가지 기구만으로 동작을 연습하지 않습니다. 자전거, 러닝머신 등 유산소 운동기구뿐 아니라 온 몸의 근육을 구석구석 사용하도록 다양한 기구를 활용해야 합니다. 토론을 잘하기 위해서도 마찬가지입니다. 읽기, 말하기, 쓰기 등 언어의 다양한 근육을 자극하여 전체적으로 조화로운 토론기술을 향상시키는 것이 좋습니다.

1

토론을 위한
말문 열기, 낭독의 즐거움

토론의 태도를 익히는 데 있어서 낭독은 필수적인 훈련입니다. 아이들에게 처음부터 '너의 생각을 말해 봐'라는 질문은 어렵지만, '머리말을 한번 읽어볼래?'라고 요구하면 거부감없이 말문을 열게 됩니다. 토론을 힘들어하는 아이들은 낭독으로 말문을 열게 하면 좋습니다. 책의 부분을 지정해 놓고, 선생님과 역할극 하면서 읽거나 친구들과 돌아가면서 번갈아 책을 읽습니다. 낭독은 단순히 책의 내용을 파악하는 것을 뛰어넘어 함께 읽는 즐거움도 느끼게 합니다.

낭독할 때 글자 하나하나 음성적으로 읽을 뿐 아니라 문맥과 상황을 느끼면서 감정을 담아 읽으려고 애쓰게 됩니다. 엄마가 아이에게 그림책 읽어줄 때 무미건조하고 딱딱하게 읽어주지 않죠. 엄마는 구연동화를 배우지 않았어도 자연스럽게 아이에게 책의 내용을 감정적으로 전달하기 위해 대사를 실감나게 읽어주곤 합니다. 아이들은 낭독하면서 지식과 정보를 얻는 것 이상으로 감정적 교류의 시간을 갖습니다. 책을 감정적으로 표현하고 느끼는 좋은 방법의 하나가 낭독입니다.

글씨를 모르는 것도 아닌데 누군가의 앞에서 책을 읽는 것만으로도 떨리기 마련입니다. 저는 오랫동안 책 읽어주는 프로그램 '책으로 마음을 나누는 담백한 수다'(책마담)라는 팟캐스트 방송을 100회가량 해왔습니다. 주로 단편소설이나 문학작품을 읽어주고, 초대한 게스트와 함께 책에 관해 토론하는 방송이었습니다. 2015년부터 2018년까지 3년간 팟캐스트 방송을 진행하면서 책 읽어주는 낭독 스킬이 성장한 것 같습니다. 낭독은 주로 그림책, 소설, 에세이, 시 등 다양한 장르의 책을 선정하였습니다. (팟빵에서 '책마담' 검색 http://www.podbbang.com/ch/10410)

초창기에는 마이크 앞에서 책 낭독을 하는 것임에도 불구하고 떨리고 긴장했습니다. 읽을 때 실수하거나 틀린 적도 많았고, 지나치게 빠르게 낭독하느라 듣는 사람도 편안하지 않았습니다. 어느 정도 누구나 듣기 좋은 속도를 찾는 데는 시간이 걸렸습니다. 100회 정도의 방송 경험이 쌓이다 보니 소리 내어 낭독하는 기술이 늘어났으며, 팟캐스트 방송이긴 했지만 누군가의 앞에서 말을 하거나 강의할 때 두려움도 줄었습니다.

아이들 역시 낭독하면 자연스럽게 말 하는 기술이 늘어납니다. 책을 소리 내어 또박또박 읽는 것만으로도 발표력이나 표현력이 길러집니다. 책의 문장을 눈과 입으로 익히면서 이후 말하거나 글을 쓸 때 표현이 감정 표현이 풍부해집니다. 아이들은 책을 낭독할 때 "목소리가 크고 우렁차고 또박또박 발음도 정확하구나!"하면서 칭찬해주면 좋습니다.

이제는 빠르게 책을 보는 시대가 되었습니다. 정보의 홍수 속에서 많은 텍스트를 읽어내야 하므로 빠른 속도로 읽는 게 무조건 중요하다고 여깁니다. 하지만 글을 빨리 읽어치운다고 해서 완전히 내 것이 되지는 않습니다. 오히려 빠르게 읽는 것은 공감하는 데에 방해가 됩니다. 천천히 생각할 시간이 사라지게 됩니다. 스마트폰의 카드 뉴스처럼 축약한 정보를 읽거나 긴 내용을 스크롤 하여 자극적인 토픽만 읽게 되면 전체적인 맥락과 의미를 파악하고 이해하지 못합니다. 깊이 있는 독서가 되지 않겠죠. 감정 없는 독서는 죽은 독서가 됩니다. 낭독하면 천천히 한 문장, 한 단어를 음미하면서 온몸으로 책을 읽게 됩니다.

3분 조리식품 같은 편의점 음식만으로 우리는 목숨을 유지하면서 살 수 있습니다. 그러나 매일 영양소가 부족한 인스턴트 식품이 몸에 좋을 리 없겠죠. 시장에서 재료를 구하여 다듬고, 씻고, 조리하는 과정을 거쳐 잘 차려진 한 끼의 식사는 정성스러울 뿐 아니라 건강에도 유익합니다. 독서토론은 제대로 밥을 짓고, 상을 차리고, 천천히 먹는 한 끼의 느린 식사입니다.

간단히 클릭하여 읽는 인터넷상의 자극적인 뉴스나 요약된 페이지만으로 얻는 독서는 한계가 있습니다. 낭독하면서 책을 읽는 것은 느린 독서는 지루한 시간일지 모릅니다. 그러나 빠름을 추구하는 교육 속에서 깊이를 향한 교육으로 나아가기 위해 토론은 중요합니다. 혼자 눈으로 빨리 책 읽는 속독이 아니라 함께 모여 낭독하는 시간을 갖는 것은 새로운 차원의 즐거움입니다.

다른 사람의 목소리로 듣는 책, 또한 내 목소리로 들려주는 책은 행복한 독서 습관의 시작이 될 수도 있습니다.

낭독(朗讀)

낭독의 역사는 구약성경 시대로 거슬러 올라갑니다. 구약성경 느헤미야 8장을 보면 1절~6절에 선지자 에스라가 단에 올라 이스라엘 백성 앞에서 모세의 율법을 낭독하는 모습을 볼 수 있습니다. 또한 중세시대에는 주로 종교적 행위로 책을 읽었는데, 특히 경전이나 고전은 낭독으로 읽었습니다.

교육 목적으로 시나 전래동화를 가지고 아이들에게 낭독을 지도하기도 합니다. 낭독을 통해 글을 제대로 이해했는지도 평가합니다. 최근 작가가 낭독하는 TV 프로그램도 생기고, 라디오나 팟캐스트 방송에서 책 낭독 코너도 만들어졌으며, 연예인이 책을 읽어주는 방송도 있습니다.

서점이나 도서관 같은 곳에서 정기적으로 저자의 낭독회, 시 낭송 등이 열리기도 합니다. 눈으로 보는 책보다 낭독을 통해 귀로 듣는 책 읽기가 훨씬 더 몰입이 됩니다. 이해도도 높아집니다. 연극배우들이 연기 요소를 빼고, 대본 낭독만으로 공연을 하는 낭독공연도 있습니다. 무대 설치나 의상, 분장 없이 그냥 의자에 앉아 희곡 대본을 읽는 형식인데 연극으로 올려지기 전의 낭독 공연도 재미있을 것 같습니다.

음독(音讀)

음독은 말 그대로 소리 내 책 읽는 방법입니다. 글자를 배우는 초기 주로 사용하는 방법이 음독입니다. 문자나 말을 확인하며 또박또박 한 글자씩 읽습니다. 음독하는 단계에서는 다른 사람들이 잘 알아듣도록 소리 내 읽는 것이 효과적입니다. 외국어 공부할 때 많이 활용되는 방법이며, 단어나 문장을 정확한 발음으로 또렷하게 말하도록 합니다.

구연(口演)

구연은 연기하듯이 읽기라는 뜻입니다. 창작동화나 전래동화 같은 경우 아이들의 눈높이에 따라 실감 나고 재미있게 책을 읽어주면, 감성을 자극하고 상상력이 키워지겠지요. 구연동화를 특별하게 배울 수 있는 기관도 있으니 활용해보면 좋을 것 같습니다. 말로 연기를 하는 것이기 때문에 책에 나오는 캐릭터의 특징, 배경을 묘사하는 의성어나 의태어까지도 음성으로 전달합니다. 전문가 수준까지는 아니어도 아이들에게 동화 읽어줄 때 구연 기법을 활용하면 훨씬 이야기 전달이 잘 됩니다.

음독, 낭독, 구연은 모두 소리 내 읽는 책 읽기 방법입니다. 통상적으로는 '낭독'이라고 하지만 조금씩 다른 의미를 지니고 있습니다.

2
읽으면서
녹음하기

한동안 영어 동화책을 한 페이지씩 읽고 녹음하는 것으로 영어 공부를 한 적 있습니다. 몇 년 이상 꾸준히 영어 동화책 녹음하기를 했는데 생각지도 못한 수확이 있었습니다. 바로 영어 읽기 능력이 좋아진 것이죠. 요즘에는 유튜브에 영어 동화책을 녹화하는 개인 방송도 늘어나고 있습니다. 물론 회화를 통해서 말하기가 좋아질 수도 있지만 영어책을 소리 내 읽는 것만으로도 귀가 뚫리게 됩니다. 외국어에 대한 두려움을 가진 성인들의 영어 공부 방법으로 영어책 큰 소리로 읽기를 강력 추천합니다.

영어책은 영어 공부를 위한 목적이겠지만, 우리말로 된 책을 소리 내 읽는 것 역시 중요합니다. 대부분의 사람이 평상시 소리 내어 책을 읽지는 않겠죠. 그렇지만 시나 수필, 소설의 일부 대목, 중요한 구절 등 기억하고 되새기고 싶은 문장은 소리내어 읽으면 좋습니다. 자신이 책 읽은 것을 녹음하여 가끔 들어보는 것도 새로운 즐거움이 됩니다. 저는 주로 운전할 때 녹음된 책을 들을 때가 있거든요.

토론 수업할 때는 아이들에게 책에서 좋았던 구절이나 머리말 등을 한번 읽어보라고 합니다. 좋은 구절이나 문장을 미리 공책에 적어온 다음 읽어볼 수도 있습니다. 돌아가면서 아이들이 책 구절을 이야기할 때 모든 사람이 공감하는 부분이 다르다는 것도 알게 되겠죠.

진행자가 책에서 중요하다고 생각하는 구절이나 대목을 읽어준 다음 'OOO는 읽은 부분에 대해 어떻게 생각하니?'라고 묻습니다. 아이들과 배역을 나눠서 책을 읽으면서 낭독하는 즐거움을 느끼게 합니다. 역할을 정해서 역할극 하듯이 읽어보라고 하면 재미있습니다.

아이들이 함께 낭독하는 것을 동영상으로 찍거나 녹음을 해서 다시 들어보는 것도 좋아합니다. 자신의 목소리가 어떻게 들리는지 알게 되기 때문입니다. 이렇게 하면 발음이 잘못되었거나 빠르게 읽는 것을 조절할 수 있습니다. 책을 잘 안 읽는 아이들에게 '읽으면서 녹음하기' 숙제를 내주는 것입니다. 분명 읽기의 재미에 조금씩 빠져들게 될 거예요.

아울러 낭독한 아이들에게 칭찬으로 피드백을 해줍니다. 또박또박 잘 읽었다거나 목소리가 좋다는 등의 칭찬을 해 주면 다음번에 더 잘 읽으려고 애쓰는 모습을 보게 됩니다.

3

토론 시 자신감을
더하는 스피치 연습

제가 중학교 2학년 때 가장 좋아했던 과목은 '가정'이었습니다. 비인기 과목이었던 가정을 그토록 좋아했던 이유는 단 한 가지였습니다. 바로 선생님의 수업 방식 때문에 흥미를 갖게 되었습니다. 수업 방식 때문에 교과목을 좋아하게 된 특별한 케이스라고나 할까요.

당시 가정 선생님은 아이들에게 수업 내용을 정리하여 발표하라고 시켰습니다. 자신이 읽고 공부하여 소화한 내용을 다양한 방식으로 전달할 수 있도록 자유롭게 허용하였습니다. 어떤 친구들은 카드 게임을 만들어서 설명하기도 하고, 만화를 그려서 발표하기도 했습니다. 퀴즈 형태로 교과서를 구성하기도 하는 등 정말 획기적인 방식이었던 것 같아요. 선생님은 수업 참여를 높이기 위해 스스로 학습법을 선택하신 거죠. 1990년대 초반 그 당시에 이런 참여형 수업을 선택하는 선생님은 가정 선생님이 유일무이했습니다.

저는 단원별 내용을 커다란 전지에 정리하여 설명했는데 "열심히 준비했구나. 알기 쉽게 잘 만들었네."라는 칭찬을 들었습니다. 당시 학급 반장을 하거나 리더십 있는 아이도 아니었던 저는 그날 이후 학습 태도가 많이 바뀌었습니다. 성격도 좀 더 적극적으로 변했습니다. 다음에는 발표를 더 잘 하고 싶어 미리 집에서 발음 연습도 했습니다. 메모지에 말할 내용을 정리하고 스스로 말하는 연습까지 했습니다. 강연을 준비하듯이 말이죠.

몇 년 전 저는 '세상을바꾸는15분'(세바시)에서 시민 연사로 강연을 한 적이 있습니다. 바로 〈100일 글쓰기로 당신의 삶을 바꾸어보세요〉라는 주제였습니다. 글을 쓰지 않는 평범한 주부였으나 100일 글쓰기 훈련의 경험으로 책을 출간하고, 시민기자가 되고, 글을 쓰는 업을 갖게 되었다는 스토리였습니다. 그때 전달할 내용을 15분으로 압축하여 매끄럽게 스토리를 만들기 위해서 홀로 스피치 연습을 했습니다. 처음에는 Q-SHEET를 만들어서 요약본을 보면서 말했습니다. 하지만 여러 번 말하다 보니 머릿속에는 그림이 그려지면서 스토리가 정리되었습니다. 어쨌든 유명인이 아닌 저에게 15분의 스피치 강연은 큰 경험이 되었습니다. 훈련을 통해서 점점 스피치 실력이 쌓이는 것도 알았죠. 말하기는 연습을 통해서 실력이 향상됩니다. 자신감 역시 훈련이죠. 자전거를 타거나 수영 배우듯 기능을 익히면 누구나 충분히 잘 할 수 있는 영역이 됩니다.

어린아이들은 누가 보든 보지 않든 자유롭게 춤도 추고 노래도 합니다. 온몸으로 자신을 표현하는 것에서 행복감을 느낍니다. 하지만 자라면서 우리는 남 앞에서 평가받는 것을 두려워하게 됩니다. 꼬마들은 텔레비전 보면서 아이돌 스타의 춤을 제멋대로 엉덩이 씰룩이면서 추어도 잘한다고 칭찬합니다. 그러나 고학년이 되면 아이돌이나 걸그룹들과 똑같이 춤을 춰야 인정받습니다. 다른 사람 앞에서의 평가는 아이들을 두렵게 만듭니다. 춤도 추지 못하고, 자유롭게 의견도 표현하지 못하게 되죠. 혼자 공부하고 혼자 책을 읽는 조용한 아이가 되어 버립니다. 대중 앞에서 말하는 것은 더더욱 힘든 일이라 여기게 됩니다. 말할 기회가 없는 학습환경에서는 발표력을 키울 수 없습니다. 자신감을 키우기 위한 스피치 연습도 토론 수업에 도움이 됩니다.

토론 수업에서 재미있게 활용해볼 수 있는 스피치 훈련 방법에 대해 소개해보려고 합니다. 무엇보다도 말하기의 부담이 없도록 흥미 있는 접근이 좋습니다. 어찌 됐든 처음 남 앞에서 말을 하거나 형식적인 부분에 치우쳐 평가받는다면 말문을 닫아버리게 되니까요. 낱말카드를 활용한 게임 형식의 스피치 연습 방법입니다.

스피치 연습 문장

· 간장 공장 공장장은 강 공장장이고, 된장공장 공장장은 공 공장장이다.

· 저기 있는 저 분이 박 법학박사이고, 여기 있는 이 분이 백 법학박사이시다.

· 저기 가는 저 상장사가 새 상 상장사냐 헌 상 상장사냐.

· 중앙청 창살은 쌍창살이고, 시청 창살은 외창살이다.

· 사람이 사람이라고 다 사람인 줄 아는가, 사람이 사람 구실을 해야 사람이지

· 한양 양장점 옆 한영 양장점, 한영 양장점 옆 한양 양장점.

· 저기 있는 말뚝이 말 맬 말뚝이냐, 말 못 맬 말뚝이냐.

· 옆집 팥죽은 붉은 팥 팥죽이고, 뒷집 콩죽은 검은 콩 콩죽이다.

· 멍멍이네 꿀꿀이는 멍멍해도 꿀꿀하고, 꿀꿀이네 멍멍이는 꿀꿀해도 멍멍하네.

· 들의 콩깍지는 깐 콩깍지인가 안 깐 콩깍지인가. 깐 콩깍지면 어떻고 안 깐 콩깍지면 어떠냐. 깐 콩깍지나 안 깐 콩깍지나 콩깍지인데.

스피치 문장 게임

· 위의 연습 문장을 카드로 만듭니다. 다 같이 읽어보거나 한 사람씩 돌아가면서 읽어봅니다.

· 팀별 발음 게임 : A와 B팀으로 나누어 문장 카드를 하나씩 뽑게 하고, 팀원이 한 명씩 문장을 읽습니다. 만약에 발음이 틀리면 다시 처음부터 시작하

는 룰로 진행하면서 선생님이 시간을 잽니다. 시간이 빠른 팀이 이깁니다.

· 문장 전달 게임 : A팀의 맨 앞의 학생이 처음 카드를 읽어보고 난 후 옆 친구에게 귓속말로 문장을 전달합니다. 마지막에 있는 학생은 자신이 전달받은 문장을 큰 소리로 말합니다. 제일 처음 읽은 문장과 얼마나 같아지고 달라졌는지 비교해 봅니다. B팀도 동일하게 진행합니다. 더 정확하게 발음한 팀이 이기는 것으로 합니다.

소라샘 어드바이스

"스피치 학원 꼭 다녀야 하나요?"

말과 표현이 중요하다는 인식이 널리 퍼지면서 부모들 사이에서 '스피치 학원'의 중요성이 회자됩니다. 그렇다면 보이스 트레이닝으로 발음 교정을 하고, 연설문 발표를 하고, 아나운서 말하기 비법을 꼭 배워야 할까요?

"토론이 중요하다고 하는데 자신감이 없는 아이들은 스피치 학원을 먼저 보내는 것이 좋지 않나요?"라고 질문하는 분들도 있었습니다. 무엇이든 배우고 익히는 것은 중요하다고 생각하는 저이지만 모든 것을 사교육에 의존하여 돈을 지불하고 배워야 하는 일은 반대합니다.

스피치는 학원을 꼭 다니지 않더라도 자연스럽게 터득할 수 있는 영역입니다.

발음이나 발성은 아이가 좋아하는 책을 소리 내서 읽는 훈련하면 충분히 자연스럽게 좋아집니다. 녹음과 영상 촬영만으로도 향상됩니다. 자신감 있게 말 하기 위해서는 사실 혼잣말보다는 내 말을 들어주는 대상이 필요합니다. 아이가 어렸을 때 가장 많이 했던 방법은 "엄마가 이거 잘 모르겠는데, 재혁이가 설명해 주면 안 될까?"라고 요구하는 것이었어요. 자신의 언어로 설명하고 가르칠 수 있을 때 스스로 학습이 되고, 전달력 있는 말하기를 익히게 됩니다.

독서토론과 함께 '독서스피치'를 해 보면 좋습니다. 3~5인 정도의 멤버를 구성한 다음 자신이 읽은 책을 소개해보는 스피치를 합니다. 책 내용으로 하는 3분 스피치라고 생각하면 됩니다. 책을 소개하기 위해서는 줄거리와 내용뿐 아니라 저자 소개, 책의 구성, 표지 그림, 느낌이나 평가 등을 덧붙여야 합니다. 한 권의 책에 관한 총체적인 이해를 바탕으로 타인에게 책에 대해 알려야 하는 스피치입니다. 설득의 말하기 기술도 향상되겠죠.

스피치 학원 다니지 않더라도 충분히 말을 잘할 수 있습니다. 말을 잘한다는 것은 무조건 말로 남을 이기려는 태도가 아닙니다. 말속에는 한 사람의 생각과 철학, 개성과 매력이 담겨 있어요. 결국 '나는 어떤 사람이 될 것인가'를 고민하고 사유하는 사람만이 말도 잘하는 법이랍니다.

4

듣기능력을
향상시키자

미국 모 일간지에 이런 광고가 실린 적이 있습니다.

"당신의 이야기를 기분 좋게 들어드리겠습니다. 1시간, 10달러"

돈을 받고 이야기를 들어주겠다는 이상한 광고에 사람들은 어떤 반응을 보였을까요? 놀랍게도 광고가 나가자 미국 전역에서 전화가 빗발쳤고, 얼마 안 있어 아이디어를 낸 사람은 돈을 많이 벌었습니다. 누군가 내 이야기를 잘 들어준다면 기꺼이 돈을 지불할 수 있다는 이야기입니다. 요즘 상담이나 코칭, 멘토링 등의 사업 분야가 성장하는 것과 맥락을 함께 합니다. 말하기보다 어려운 것이 듣기입니다. 상대방의 마음을 온전히 이해하면서 듣는 것은 고도의 정신노동입니다.

'들린다'와 '듣는다'의 차이를 생각해볼까요? '들린다'는 말을 쓸 때는 그냥 의식하지 않고도 들리는 외부의 소리를 지칭합니다. 차소리, 문소리, 비 내리는 소리, 자동차 경적 등 내가 들으려고 노력하지 않아도 그냥 귀에서 들리는 소리일 뿐입니다. 반면 '듣는다'라는 것은 능동적인 행동입니다. '부모님 말씀을 듣는다', '수업을 듣는다', '친구 이야기를 듣는다'고 할 때 듣기는 의지적인 노력을 발휘해야 하는 행동이죠. 잘 들을 줄 아는 능력 역시 경청하는 연습에 의해 만들어집니다. 미국의 저명한 철학자이자 전설적인 브리태니커 편집장 모티머 J. 애들러는 쓰기와 읽기처럼 듣기와 말하기에도 훈련이 필요하다고 말합니다.

타인의 말을 잘 듣는 것은 누군가의 마음을 얻는 기술이기도 합니다. 중학생 아이들에게 '당신이 좋아하는 친구(선생님)는 누구입니까? 왜 그 사람을 좋아하나요?' 라고 물어보았더니 "내 이야기를 잘 들어줘요. 그 친구(선생님)은 나를 평가하지 않고 그냥 있는 그대로 인정해줘요"라는 대답을 많이 했습니다. 내 이야기를 잘 들어주는 것만으로도 고마운 일입니다.

그렇다면 토론과 듣기는 어떤 관계가 있을까요? 토론은 듣는 능력을 향상시킵니다. 내 주장이나 의견을 말하는 것뿐 아니라 상대방의 말을 잘 들으면서 생각해야 하기 때문입니다. 진정한 토론의 승자는 잘 듣는 사람이라 할 수 있습니다. 상대방 의견에 적절히 반응하며, 내 생각을 말하고, 혹은 타당한 근거로 반대되는 견해를 나타내는 기술이 필요합니다. 혼자서 말하는 것은 토론이 아니죠. 누군가 내 말에 대한 긍·부정적 반응이 토론에서 이루어집니다.

토론의 듣기 기술을 향상시키기 위한 몇 가지 방법을 소개해보겠습니다. 가정, 학교, 모임 등에서 재미있게 할 수 있는 듣기실력 향상법입니다.

① 식사 시간에 미니 토론하기

식사할 때 그날의 주제를 정해 토론합니다. 식탁 위 눈에 띄는 곳에 신문이나 잡지에서 스크랩 한 기사, 사진, 문장 등을 올려놓고 간단히 의견을 나눕니다. 부모가 기사에 대해 간결하게 소개해주고 아이의 의견을 물어봅니다. 진지한 토론이 이뤄지지 않아도 됩니다. 아이의 생각에 맞장구쳐주고 호응해주는 것만으로도 좋습니다. 자기 생각이 인정받는 느낌이 들면 그만입니다. 식사 시간을 미니 토론으로 만들면 당연히 부모, 자녀의 관계도 좋아질뿐더러 아이는 존중받는 기분이 들겠죠. 내 이야기를 누군가 잘 들어준다는 느낌으로 자존감도 향상될 것입니다. 누군가 자기 이야기를 잘 들어주는 경험을 한 아이는 거꾸로 다른 사람 말에 경청하는 훈련이 자연스럽게 몸에 배게 될 것입니다.

질문카드 활용하기
: 기존의 상품으로 만들어진 '테이블톡질문카드'나 '클레이질문카드'를 활용할 수 있습니다. 혹은 질문이 적혀있지 않은 그림카드를 보고 질문을 서로 주고받을 수도 있습니다.

② 노래 듣고 가사 적기

요즘처럼 인터넷이 발달하지 않았을 당시 노래 가사 하나를 완전히 외우기 위해서는 라디오에서 흘러나오는 노래를 녹음하여 들으면서 가사를 적어야 했습니다. 노래가 나올 때 연습장을 펼치고 연필을 들고 가사를 놓치지 않고 적었습니다. 노래 듣고 가사 적는 것을 게임처럼 즐기면 듣기 능력이 향상될 수 있습니다. 인터넷 검색으로 모든 노래의 가사를 몇 초 만에 찾아볼 수 있지만 노래를 집중하여 듣고 가사를 적는 것은 노래를 기억하는 데 도움을 줍니다. 최신가요나 빠른 비트의 노래는 더욱 주의 깊게 들어야 합니다. 가사가 아름답고 느린 노래를 위주로 시작해봅니다.

③ 받아쓰기

초등학교 저학년 때는 받아쓰기가 학습의 필수입니다. 받아쓰기를 잘하려면 무엇보다도 똑똑히 잘 들어야 합니다. 잘 듣고 문장을 쓰는 단순한 활동이지만 받아쓰기 훈련도 듣기 실력을 향상시키는 방법입니다. 영어 공부를 할 때도 Speaking 이전에 Listening이 이뤄져야 하기 때문에 듣는 훈련이 중요하다고 합니다. 듣기를 통해 말하기도 자연스럽게 습득되는 거죠.

듣기능력을 향상하기 위한 받아쓰기 연습을 해 봅니다. 선생님이 불러 주는 다양한 문장, 시 구절, 책 본문 등을 받아적는 거예요. 이때 여러 번 반복하지 말고 한 번만 천천히 읽어줍니다. 받아쓰기가 끝난 후 어떤 부분의 내용을 놓쳤는지 혹은 잘못 썼는지 확인해보면 됩니다.

④ 내 목소리 녹음해서 다시 들어보기

내 목소리를 녹음기에 녹음하여 다시 들어보는 활동입니다. 어떤 주제에 대해 스피치를 해도 되고, 책 읽은 내용을 녹음해도 됩니다. 내 목소리를 다시 들을 기회는 거의 없습니다. 일부러 녹음하거나 영상을 찍지 않는 이상 내가 말하는 모습을 되돌려 볼 수 없지요. 자기 목소리를 녹음해서 다시 한번 들어보게 되면, 말하기 연습도 되면서 듣는 훈련도 동시에 이루어집니다. 스스로 어떤 발음에 문제가 있는지, 말이 빠른지 느린지, 전달이 잘 되는지 안 되는지 찾을 수 있습니다.

아이와 함께 책을 읽고 녹음하여 다시 들어보면 좋습니다. 자신의 목소리를 다시 한 번 들어보면서 또박또박 잘 읽으려고 노력하게 될 것입니다. 책을 재미있고 실감 나게 읽는 기술도 향상됩니다. 자신의 목소리를 녹음하여 들어보면서 자신감도 생기겠죠.

⑤ 2인 1조로 말한 것 서로 확인하는 연습하기

둘씩 짝지어 토론하거나 대화할 때 '확인 질문'을 하는 것도 듣기능력을 향상시키는 방법입니다. "지금까지 이야기한 내용은 OOOO 한 의미가 맞나요?" "너의 생각을 OOO 한 것으로 이해해도 되겠니?"와 같은 질문을 자연스럽게 던집니다. 대화할 때 질문을 한다는 것은 자연히 상대방 말에 경청한다는 의미를 내포합니다. 적극적으로 듣는다는 것을 보여주는 행위입니다. 주제를 갖고 2인 토론을 한 다음 상대방이 한 말을 확인하는 시간을 가져보세요.

예)
- 짝꿍과 어제저녁 먹었던 음식과 오늘 아침 먹었던 음식에 대해서 짧게 이야기 나눕니다.
- 1분간 한 사람이 이야기하고, 다른 한 사람은 잘 듣습니다.
- 듣는 역할을 한 사람은 내용에 대해 1~2가지 질문을 합니다.
- 역할을 바꾸어 말하고 듣기를 합니다.
- 제시되는 주제는 매번 바뀔 수 있습니다.

5
경청 게임

경청은 적극적인 듣기입니다. 상대의 말을 잘 듣는 것뿐 아니라 말한 의도를 이해하고 공감하는 것이죠. 내 이야기만 하고 상대방의 말에 귀 기울이지 않을 때 소통의 장애가 생겨납니다. 대화가 단절되고 결국 마음마저 닫히게 됩니다. 경청을 게임으로 익힐 수 있는 방법을 소개합니다. 그림카드를 이용한 경청훈련인데 게임에 사용된 그림카드는 '더즐거운교육'이 제작한 도란도란카드입니다.

경청 게임은 스토리를 만드는 것이 기본이지만 게임에서 승자가 되기 위해서는 타인의 이야기를 잘 듣고 기억해야 합니다. 경청을 통해 듣기 능력을 향상시키고, 게임에서도 이길 수 있어요.

도란도란 경청 게임 활동 방법

① 3~6명이 함께 게임을 할 수 있습니다.

② 그림카드(100장)을 보이지 않게 뒤집어 놓고, 한 사람당 2장의 카드를 뽑습니다. 두 장의 카드로 짧은 이야기를 만들고, 친구들에게 이야기를 들려줍니다.

③ 이야기가 끝난 카드는 바닥에 뒤집어서 내려놓습니다.

④ 3번 정도 순서를 반복합니다.

⑤ 바닥에 쌓인 카드를 그림이 보이게 뒤집습니다.

⑥ 이번에는 다른 사람이 만들었던 이야기카드 2장을 찾아내어 그대로 말을 합니다.

⑦ 이야기를 원래 만든 사람이 맞다고 인정하면 2장의 카드를 가지고 옵니다.

⑧ 카드를 가장 많이 모은 사람이 '경청왕'이 됩니다.

이 게임의 핵심 룰은 '경청'입니다. 경청을 잘하여 스토리를 잘 기억한 친구가 게임에서 이기기 때문입니다. 처음에는 2장의 카드로 이야기를 만들지만, 난이도를 높이고 싶을 때는 3장으로 해도 됩니다. 카드의 그림을 연결 지어 이야기를 만들고, 다른 사람에게 내 이야기를 들려주고, 열심히 타인의 이야기를 경청하는 복합적인 활동이 포함된 게임입니다.

게임을 마친 후 서로 소감을 발표합니다. 배운 것, 느낀 것, 실천할 것 등을 말합니다. 우리가 누군가에게 나의 이야기를 재미있고 편안하게 들려주기 위해서는 열심히 들어주는 '청자' 즉 듣는 대상이 있어야 한다는 사실을 알게 되겠죠.

4장

진행자가
알아야 할 토론지도

나도 북클럽 운영자!

책 모임은 책 읽는 사람들의 만남입니다. 주로 성인들의 책 모임이 많지만 어린이 및 청소년도 스스로 책 모임을 만들 수 있습니다.

초등 교사인 박미정 선생님은 스스로 책 모임 마니아라고 말합니다. 2015년 책 모임을 시작한 후 6년간 학교, 집, 지역사회에서 다양한 책 모임을 꾸려왔습니다. 처음에는 모든 진행을 맡아서 했지만 어느 순간 아이들이 자발적으로 책 모임 운영과 진행을 하게 되었다고 합니다. 책 모임 안에서 민주적 의사소통방식을 온몸으로 터득하고, 따뜻한 공동체를 만들게 됩니다. 자신에 대한 이해와 성찰뿐 아니라 타인에 대한 공감까지 일어나는 시간이 바로 책 모임이랍니다. 초등학생 아이들이 돌아가며 토론할 책을 고르고, 스스로 발제를 하고, 질문을 던지고, 귀 기울이며 대화하는 모습. 두 딸이 자발적으로 100회를 훌쩍 넘어가는 책 모임을 하면서 아이들은 성장하게 되었다고 합니다. 아래는 박미정 선생님이 페이스북에 쓰신 문장입니다.

"책 모임 안에서 내 아이가 소통하는 사람, 마음 단단한 사람, 자기 삶의 주인되는 사람으로 키울 수 있다. 이건 독서논술학원이 절대 해줄 수 없는 일이다."

1
성격유형에 따른
토론지도법

"선생님! 지환이가 수업에 너무 방해되는 것 같아요. 지환이때문에 전체적으로 분위기가 안 좋아서 같이 토론 수업하는 게 곤란해요"

토론 수업은 말 잘하고 조용하고 얌전한 학생들만 할 수 있는 수업일까요? 토론 수업에 대한 가장 큰 환상은 '아이들이 선생님의 지시에 잘 따르고 모범 답안처럼 척척 대답을 잘하고, 조화를 이루어 아이들과 토론을 원활하게 잘 할 것이다'라는 것입니다. 이는 말 그대로 환상일 따름입니다. 기대가 충족되지 않는 수업일 때 토론지도 선생님은 스스로 좌절감을 느낄 수 있습니다. 또 다른 오해는 민주적이고 자율적인 태도가 자연스럽게 토론 수업에서 키워질 것이라고 믿는 일입니다.

초등학교 1학년 학생 4명의 아이와 독서토론 수업을 지도할 때였습니다.

지환이라는 아이는 순발력이 뛰어나고 즉흥적으로 자기 생각을 빨리 대답하는 외향형이었습니다. 말로 설명하지 않아도 분위기 파악이 너무나 빠르고 문제를 다 읽지 않아도 어느 정도 답을 채워넣기도 했습니다. 관심사가 항상 다방면에 걸쳐 있어 독서토론 수업을 하면서도 계속 장난감을 만지작거린다든가 베란다 바깥을 쳐다보면서 축구하러 나갈 궁리를 하는 아이였습니다. 상대적으로 3명의 아이는 모두 선생님의 지시를 잘 따르는 소위 얌전한 모범생 스타일의 내향성이 강한 아이들이었죠. 문제를 꼼꼼히 읽고, 지시사항에 대해 대답을 또박또박 글씨를 쓰고, 질문을 하면 적절한 대답을 했죠.

그렇다면 이런 그룹에서 문제아처럼 보이는 아이는 누구일까요? 바로 지환이가 되겠죠. 다른 엄마들이 보기에도 매우 산만해 보이고, 집중을 못 하고, 수업에 방해되는 것처럼 보였으니까요. 결국 석 달 정도 수업을 하다가 팀이 해체되었습니다. 자기 아이들에게 매우 큰 피해를 주고 있다는 생각과 함께 토론 수업에서 산만한 지환이의 태도만을 문제 삼았습니다. 이 상황에서 지환이 같은 외향적인 아이들은 어떻게 토론 수업을 할 수 있을까요? 물론 모든 수업을 지환이에게만 맞출 수는 없는 노릇입니다. 하지만 독서토론 수업에 모두가 흥미를 느낄 수 있도록 선생님이 배려해야 합니다.

우선 정적인 활동뿐 아니라 동적인 활동을 수업에 포함합니다. 중간중간 몸을 풀어줄 수 있는 스트레칭을 하는 것도 방법입니다. 가끔씩 자리 배치를 바꾸어가면서 수업을 진행해도 좋습니다. 게임을 활용하여 재미를 더하는 것도 필요합니다. 모자 토론, 스피치게임, 역할 토론, 보드게임 토론 등의 방법을 도입합니다. 정적이고 진지한 토론과 함께 동적이고 활동적인 토론도 이루어질 수 있도록 구상해야 합니다.

토론을 통한 배움은 혼자 답을 외우는 공부와 다릅니다. 시간이 오래 걸리고, 구성원과의 의견 불일치도 있습니다. 감정이 상하고 싸움도 일어납니다. 이 모든 과정이 배움이라고 생각해야 합니다. 한 아이때문에 나머지 아이들이 피해받을 수도 있습니다. 수업이 제대로 진행되지 않아 선생님은 고민이 되겠죠. 하지만 그 과정에서 조율하는 방법을 배우고, 지환이 같은 아이들을 어떻게 대해야 하는지 알고 배웁니다. 토론을 통해 민주적인 태도를 기른다는 것은 언제나 비슷한 성향의 사람들과 만날 때 이뤄지지 않습니다. 정말 나와 다른 사람, 이해할 수 없는 태도를 지닌 사람들을 통해 이루어지게 됩니다. 상대방의 성격에 대한 이해는 토론 수업에서 필요합니다. 선생님도 구성원들의 성격유형을 어느 정도 파악하고, 그에 따라 조율해나가면서 수업을 구성해야겠습니다.

외향형 아이들이 토론할 때

· 친구들과 어울리고 활동하는 것을 좋아하기 때문에 참여를 하고 표현하기를 즐거워한다.

· 행동한 후 생각한다.

· 외부세계에 대한 호기심이 있으므로 산만해 보일 때가 있다.

· 너무 긴 시간보다는 짧은 시간 순발력을 발휘하는 활동을 좋아한다.

내향형 아이들이 토론할 때

· 행동하고 경험하기 앞서 먼저 깊이 생각한다.

· 많은 활동을 하면 지칠 때도 있다.

· 집중을 잘하며 글쓰기를 좋아한다.

· 말을 안 하고 침묵하는 시간이 길고, 대답하기 위해서는 오랜 시간이 걸린다.

· 익숙하고 편안한 환경을 좋아하기 때문에 낯선 공간에 새로운 친구가 오면 적응하는 데 시간이 필요하다.

· 자기 생각을 말하는데 신중하다.

· 시도하기 전에 관찰한다.

· 외부의 인정보다 자신이 특별한 것을 한다고 생각할 때 만족감 느낀다.

· 말하기보다 듣는 것을 편안해한다. 말을 안 한다고 해서 생각이 없는 것은 아니다.

2

전체 수업의
FLOW를 그려보자

저는 오래전 입시학원에서 국어 과목을 가르친 적 있습니다. 교과서와 정해진 교안, 지침서의 설명 등을 전달하는 일이 대부분이었습니다. 가르치는 일이 힘들긴 했지만 어느 정도 내용이 익숙해진 이후부터는 기계적으로 전달하게 되었습니다. 토론방식의 수업을 처음 접하고 난 후 오히려 재밌다는 생각보다는 '힘들다'는 것을 알았습니다. 가장 힘들었던 점은 학생들의 생각을 끌어내는 기술적인 부분이었습니다. 내가 혼자 떠들고 얘기하는 게 아니라, 아이들의 생각을 유도해야 하기 때문입니다. 상대와의 교감이 이루어지지 않았기 때문에 토론 자체가 어색하게 흘러갔습니다. 나 자신이 토론에 익숙하지 않기 때문에 부자연스럽게 느껴졌던 것 같습니다.

토론을 즐긴다는 것은 모든 사람들이 자유롭게 자신의 생각을 표현하고 우연의 시간 속에서 재미를 찾는 것 아닐까요? 한 권의 책을 통해 스스로 생각을 정리하고, 하나로 규정될 수 없는 의미를 발견해나가는 것이 토론입니다.

2019년 여름방학 독서 교실 프로그램으로 성남의 한 중학교에서 토론 수업을 하게 되었습니다. 남학생들과의 독서토론이 제대로 이뤄질까 고민했지만 전반적으로 토론 수업의 결과는 흡족했습니다. 진행했던 저뿐 아니라 참여한 아이들의 만족도 높았죠. 그때 토론한 책은 바로 손평원 작가의 『아몬드』였습니다. 자신의 특별함을 이해하게 되고, 타인과 소통하는 방법이 중요하다는 것을 이야기하게 되는 책입니다.

이 책은 편도체가 다른 사람들보다 현저하게 작아서 감정을 잘 느끼지 못하는 열여섯 살 소년 선윤재가 주인공입니다. '아몬드'라 불리는 편도체가 작아 분노도 공포도 잘 느끼지 못하지만 엄마와 할머니의 관심과 애정을 듬뿍 받고 자랍니다. 크리스마스이브였던 생일날 벌어진 비극적인 사고로 가족을 잃고 세상에 홀로 남겨진 윤재에게 나타는 '곤이'라는 친구와 특별한 우정을 쌓아가는 이야기입니다. 곤이는 윤재를 괴롭히고 화를 쏟아내지만, 감정의 동요가 없는 윤재 앞에서 곤이는 쩔쩔맵니다. 그 이후 윤재와 곤이 모두 알 수 없는 마음의 변화를 겪게 됩니다. 남학생들과의 우정에 관한 줄거리이기 때문에 중학교 남학생들이 흥미롭게 읽을 수 있는 소설입니다.

『아몬드』 독서토론 수업을 2시간짜리로 구성하기 위해 전체 토론의 FLOW CHART를 만들어보았습니다. 주로 토론방식과 토론 논제를 고민하며 준비를 했습니다.

토론 기법	토로 방법 및 질문	방법 및 준비물
스토리텔링 토론	책 소감을 그림카드로 고르기 (도란도란 그림카드 중 각자 2장씩 고르고 이유 말하기)	도란도란그림카드준비
브레인라이팅 토론	책의 제목 '아몬드'의 의미를 각자 1문장으로 정리하여 포스트잇에 쓰고 말하기	포스트잇 준비
별점매기기 토론	이 책의 별점을 1개에서 5개까지	별 스티커 준비
월드카페 토론	5개 조로 나누어 월드카페 기법으로 토론한다. [월드카페논제] – 이 책의 주인공처럼 '내가 가진 남과 다른 특별함'이 있다면 무엇이라고 생각하는가? – 정상과 비정상을 나누는 기준은 무엇이라고 생각하는가? – 우리 사회에서 묻지마 살인이 증가하는 이유는 뭐라고 생각하는가? – 만약 나라면 심박사가 아내를 만나 달라는 부탁을 수락했을까, 거절했을까? – 연습을 통해 실력(기량)을 쌓게 된 나의 경험이 있다면? – '내가 생각하는 인생이란 OOO이다'	– '월드카페' 토론 방법 소개한다. – 각 테이블별 호스트를 선정한다. – 게스트(토론자)는 테이블 ①~⑤까지 이동하면서 토론한다. – 전체 진행자가 시간을 조율하고 지시한다.
점수매기기 토론	나의 공감력 점수는 1점에서 10점까지 몇 점?	포스트잇 준비

이것은 2시간 동안 전체 토론 수업을 어떻게 구성할 것인지를 미리 밑그림 및 설계도를 만드는 과정이라 할 수 있습니다. 밑그림을 그리지 않고 그림을 그리면 어떻게 될까요? 아마 의도하지 않은 그림이 되거나 계획과 다르게 결과물이 완성되겠죠. 또한 건축물을 지을 때 설계도면 없이 집을 짓는 것은 어떤가요? 당연히 제대로 된 집을 지을 수 없습니다. 토론 수업도 마찬가지예요. 전체 수업을 어떻게 구성하면 좋을지 어느 정도 시간 분배 및 논제와 토론방식 등을 고민해야 합니다. 영화 시나리오를 쓰듯이 토론 전체 진행 상황의 플로차트(flow chart)를 만들어서 진행하면 좀 더 원활하게 토론 수업이 이루어질 것입니다.

『아몬드』를 2시간 동안 토론하고 난 후 평균 별점 4.7점이라는 높은 점수가 나왔습니다. 그만큼 토론도 잘 되었고, 책 내용에 대한 만족도도 높았다는 뜻입니다. 책을 읽고 토론으로 노는 법을 배운 아이들은 한 권의 책이 지닌 자신만의 다양한 해석을 얻게 되었습니다. 생각의 폭을 넓혀가는 공부가 바로 토론이라는 것도 알게 되었죠.

비경쟁 독서토론을 진행할 때 여러 가지 토론법을 다채롭게 섞어서 시간을 구성하면 지루함이 사라집니다. 참가자들 역시 적당한 긴장감이 생기고 책을 입체적으로 이해하는 시간이 됩니다. 이 책에 소개된 다양한 참여형 토론법을 사용하여 여러분들만의 플로 차트를 구성해보세요.

3
닉네임 짓기

　이름은 세상에 자신의 존재를 알릴 수 있는 표지가 됩니다. 토론 수업에서 자신이 원하는 닉네임을 지으면 좀 더 자유롭게 생각을 말하게 됩니다. 온라인상의 닉네임을 통해 자신의 다른 모습을 보여줄 수 있는 것처럼 말이죠. 토론 수업 때 부를 수 있는 닉네임을 짓고, 이름표도 만들어 꾸밀 수 있습니다. 왜 그렇게 이름을 짓게 되었는지 이유를 말해보기도 합니다.

책읽는도도새, 책도둑, 별빛구름, 애너벨, 두리하나, 바오밥, 북러버, 오후세시, 딸기조아, 꼼냥꼼냥, 따뜻한겨울, 해별달, 붉은루핀, 두방울, 황금지우개, 신나, 실천예술가, 조근조근, 샹그릴라, 랄랄라, 반고흐, 봄봄, 느티나무, 써니사이드, 솔바람, 한결, 차차차, 여울물소리, 잼잼, 글항아리, 하하하, 박장금, 블루베리, 앵두천재, 십년동안, 어린왕자, 하이디, 아무튼, 안씨, 요미요미, 커피조아, 꿈별이, 마음근육, 또순이, 앨리스

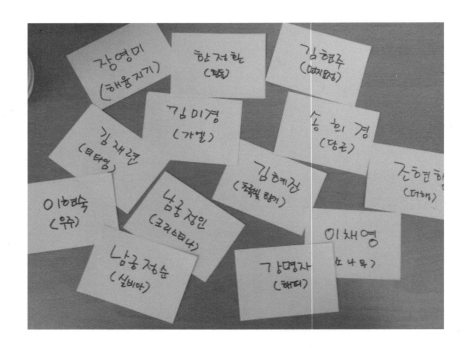

　이런 닉네임은 자신의 또 다른 정체성이라 할 수 있겠죠. 내 안의 또 다른 나를 발견하기도 하고 자신에 대해 긍정적인 느낌이 듭니다. 거기다가 토론 구성원들이 금방 친해질 수 있는 계기도 됩니다. 책 제목, 노래 제목, 책 주인공 이름, 과일이나 동물 이름, 좋아하는 색깔, 아끼는 물건, 감정단어, 좋아하는 장소, 음식, 유명인, 자연물, 의성어, 의태어, 신화에 등장하는 신 이름 등 다양한 닉네임을 지을 수 있습니다. 내가 되고 싶은 이미지를 만들어보는 것은 자기 표현의 시작입니다.

　이름 대신 닉네임으로 자기소개를 하고, 토론 모임에서 닉네임 부르기를 해보세요. 자유로움과 해방감을 느낄 것입니다. 가면무도회 혹은 탈춤과 같은 효과라고 할까요? 내 이름으로 말하고 표현하지 못했던 의견을 내어보는 시간이 될 것입니다.

혹시 '인디언식 이름짓기'를 아시나요? 1990년대 개봉한 〈늑대와 함께 춤을〉이라는 영화가 있습니다. 그 당시 영화에 등장한 인디언 때문에 인디언식 이름짓기가 유행했어요. 유쾌한 인디언 이름 때문에 화기애애한 분위기가 될 수 있습니다. 2005년 9월 22일 태어난 아이의 인디언식 이름은 '백색 말의 전사'입니다. 여기에 나름의 의미를 부여하여 이름 뜻풀이를 할 수도 있습니다.

"제 이름은 '백색 말의 전사'입니다. 하얀 말은 순결함과 용맹함을 뜻합니다. 전쟁터에 나갈 때 백색 말을 타고 씩씩하게 싸워 이긴다는 이름입니다."

이렇게 자신의 이름에 의미를 담아 친구들 앞에서 자기소개해본다면 이것 역시 토론 활동이 될 수 있습니다. 인디언식 이름은 자연과 하나 되는 삶을 살았던 인디언들의 지혜가 담겨 있습니다. 새로운 닉네임을 만들어 보고 재미있게 불러봅시다. 이름짓기를 통해 서로 다름을 확인하고, 나와 다른 사람이 하나도 없다는 것을 알게 되면서 자신의 고유성을 찾게 될 거예요.

인디언식 이름짓기 :
자신이 태어난 해와 월, 그리고 일에 해당하는 단어를 찾아 조합한 후 이름을 짓습니다.

〈태어난 뒷자리 연도〉

XXX0년 생 : 시끄러운 or 말 많은

XXX1년 생 : 푸른

XXX2년 생 : 어두운 - 〉 적색

XXX3년 생 : 조용한

XXX4년 생 : 웅크린

XXX5년 생 : 백색

XXX6년 생 : 지혜로운

XXX7년 생 : 용감한

XXX8년 생 : 날카로운

XXX9년 생 : 욕심많은

〈자신의 생월〉

1월 - 늑대

2월 - 태양

3월 - 양

4월 - 매

5월 - 황소

6월 - 불꽃

7월 - 나무

8월 - 달빛

9월 - 말

10월 - 돼지

11월 - 하늘

12월 - 바람

〈자신의 생일〉

1일 - ~와(과) 함께 춤을

2일 - ~의 기상

3일 - ~은(는) 그림자 속에

4일 - (이날에 태어난 사람은 따로 붙는말이 없음.)

5일 - (이날에 태어난 사람은 따로 붙는말이 없음.)

6일 - (이날에 태어난 사람은 따로 붙는말이 없음.)

7일 - ~의 환생

8일 - ~의 죽음

9일 - ~아래에서

10일 - ~를(을) 보라

11일 - ~이(가) 노래하다

12일 - ~ ~의 그림자

13일 - ~의 일격

14일 - ~에게 **쫓**기는 남자

15일 - ~의 행진

16일 - ~의 왕

17일 - ~의 유령

18일 – ~을 죽인 자

19일 – ~는(은) 맨날 잠잔다

20일 – ~처럼

21일 – ~의 고향

22일 – ~의 전사

23일 – 은(는) 나의친구

24일 – 의 노래

25일 – 의 정령

26일 – 의 파수꾼

27일 – 의 악마

28일 – ~와(과)같은 사나이

29일 – 의 심판자 ->를(을) 쓰러트린 자

30일 – 의 혼

31일 – 은(는) 말이 없다

우리나라 '최고'라고 말하고 싶은 토론전문 초등교사, 최고봉 선생님!
『재잘재잘 그림책 읽는 시간』, 『말랑말랑 그림책 독서토론』, 『이야기가 꽃피는 교실토론』의 저자

"무기력하고 열정 없는 교사가 가장 큰 문제에요. '그래 봐야 안 변해.'라는 안일한 생각. 하지만 변화는 작은 것에서부터 시작됩니다. 아무것도 하지 않고 불평만 하면 더더욱 변하지 않아요. 교실 속에서 시도할 수 있는 작은 행동 하나가 꾸준히 쌓이면 학생들은 조금씩 바뀝니다."

홍천 오안 초등학교에서 담임을 맡고 있는 최고봉 선생님은 스스로 밥값하고 사는 게 인생의 목적이라 이야기합니다. 호봉이 오르면서 월급이 많아지는데 '내가 그만큼 하고 있나?'를 되물어 본다고. 경북 봉화에서 태어나 산골에서 자랐고, 지금껏 강원도에서 교육 현장을 바꾸기 위해 자신만의 강점을 잘 활용하는 교사입니다. 강원도 철원 민통선 안에 있던 마현 초등학교에서 처음 교사 생활을 시작했고 주로 강원도의 작은 시골 학교에서 근무했습니다. 첫 부임지였던 학교는 폐교가 되었다네요. 좋은 질의 교육을 제공하는 학교, 함께 참여하는 민주적인 학교, 문화와 예술과 책이 넘치는 학교, 지역사회와 함께 성장하는 학교, 재미있고 행복한 학교를 꿈꾸는 시골 교사입니다.

왜 학생들이 공부가 재미없다고 생각할까요? 최고봉 선생님은 "원래 공부는 재미없는 것. 하지만 덜 지루하게 덜 힘들게 할 수 있는 방법은 많다"고 합니다. 교사가 되려고 교대에 들어갔지만 시험을 잘 보는 방법이 아닌 세상을 잘 사는 방법을 아이들에게 알려주고 싶었습니다. 학생회장을 하고, 졸업 후에는 노동 관련 시민단체에서 일하기도 했습니다. 세 아이의 아빠이기도 하면서 아이들의 마음을 잘 이해하며 즐겁게 학급 운영을 하는 요즘 시대 보기 드문 교사입니다. 특히 토론 교육에 관해서는 수많은 실험과 도전으로 학생들을 변화시키고 있는 참 교육자이기도 합니다.

"우리나라 교육과정 굉장히 좋아요. 제가 보기엔 핀란드 다음이라고 생각해요. 하지만 그것을 운영하는 교사의 자질과 실력이 문제죠. 교실에서도 충분히 협력 토론으로 주입식 교육이 아닌 스스로 학습법을 끌어낼 수 있습니다. 그런데 문제는 교대를 다니는 4년 동안 토론 교육에 대한 공부가 하나도 없는 것이 문제에요."

다양한 토론 기법을 활용하여 모든 교과 수업을 진행할 수 있습니다. 수학여행을 가는 것도 학생들이 직접 정하고, 학교의 모든 일정에 관해 전교생이 토론하게 합니다. 자연스럽게 문제해결력이 키워져요. 스스로 공부하는 방식도 터득하게 됩니다. 말하는 훈련이 글 쓰는 활동으로 연결됩니다.

생각하는 힘이 키워지는 데는 시간이 걸리는 게 당연하죠.『재잘재잘 그림책 읽는 시간』,『말랑말랑 그림책 독서토론』,『이야기가 꽃피는 교실토론』 등은 협력적 교실 토론 방법을 담은 책입니다. 그림책 활용 수업에도 관심이 많아 매일 수업 내용을 SNS에 공유하는 부지런한 선생님이세요.

4

토론 규칙
정하기

모든 게임에는 룰이 있고 정해진 규칙이 있습니다. 룰을 지켜 게임을 해야 진행도 원활하고, 승패를 인정하게 됩니다. 토론에도 규칙이 필요합니다. 학생들과 함께 규칙을 만들어나가는 것이 좋습니다. 토론규칙을 정하는 것 자체도 토론입니다. 가끔 초등학생 아이들과 토론할 때 "선생님 오늘 우리 팀이 이겼나요? 졌나요?"라면서 승패를 묻곤 합니다. 독서토론은 디베이트 형식의 찬반토론과 달리 이기고 지는 것이 아닌데도 말이죠. 승패를 가를 수는 없지만 팀별 게임식으로 수업할 때 점수를 배정할 수도 있습니다. 토론 시 규칙들을 아이들과 정하면서 공지사항을 만들어두면 좋습니다.

① 토론 시간은 어떻게?

: 토론 시간에 대해 어느 정도 시간 할애하면 좋을지 정합니다. 50분, 1시

간, 90분 등 수업 시간에 대한 규칙을 정합니다. 1시간 토론 + 30분 글쓰기, 50분 토론 + 20분 게임 등 다양하게 시간을 배정할 수 있습니다.

② 수업 준비에 대한 규칙

: 책을 꼭 읽어오기, 책 본문 발췌 5문장 적어오기, 책 읽은 후 확인 질문에 대답 작성해오기, 책을 빌리거나 사오기 등의 규칙입니다. 수업 준비에 대한 규칙을 정하지 않을 경우 책을 매번 읽지 않는 아이들이 생기게 됩니다. 벌금 제도나 스티커 제도를 아이들과 정하는 것도 좋습니다.

③ 발언 순서에 대해

: 뽑기로 순서 정하기, 가위바위보로 순서 정하기, 오른쪽(왼쪽)부터 돌아가면서 말하기, 혈액형별 말하기, 발 사이즈 작은 사람부터 말하기 등 재미있게 순서를 정해봅시다.

④ 발언 시간에 대해

: 한 사람이 지나치게 말을 많이 하거나 길어지면 지루해집니다. 돌아가면서 말할 수 있는 시간이 부족하기 때문입니다. 한 사람의 발언 시간을 2분 이내로 조절한다든지, 진행자가 종을 치는 등의 방법을 고안합니다. 이때 발언 시간을 제한하는 토론방식도 있습니다. 의회식 토론, CEDA 토론, 칼포퍼 토론

처럼 특별한 토론 형식일 때는 시간제한을 둘 수 있습니다.

⑤ 태도에 대해

: 상대방 발언에 대해 비난하거나 비판할 경우 페널티를 줄 수도 있습니다. 옐로카드를 사용하기도 합니다. 공격적이거나 비난하는 발언은 서로의 감정을 상하게 합니다. 감정을 자제하고 침착하게 생각을 표현하도록 훈련합니다.

⑥ 사회자 역할에 대해

: 사회자의 역할에 대해서도 규칙을 정합니다. 토론 진행하는 선생님이 사회자 역할을 할 것인지 아니면 돌아가면서 사회자를 정할지 규정합니다. 토론에 점점 능숙해질 경우 아이들이 돌아가면서 사회자 역할을 해보는 것도 좋습니다.

⑦ 토론 후 정리

: 어떤 식으로 토론을 정리할지 규칙을 정합니다. 한 사람씩 '오늘의 토론' 소감을 짧게 한마디씩 하기, 사회자가 '오늘 토론의 MVP 뽑기', 다 같이 노래 부르면서 마무리, 토론 후 10문장 글쓰기 등 함께 규칙을 정합니다.

자신이 속한 토론 모임에서 스스로 규칙과 규율을 정해가는 것 자체가 민주적인 태도와 의식을 키우는 방법이 됩니다. 선생님이 지시하고 명령하는 것이 아닌 스스로 자신이 해야 할 역할을 정해나갈 때 토론 수업에 대한 애착이 생기겠죠. 나의 것, 나의 모임, 나의 친구, 나의 선생님 등 자기 것에 대한 애정을 통해 수업에 소속감도 느낍니다. 생각의 차이를 좁혀나가면서 규칙을 정하는 것부터 토론 수업의 하나로 생각하면서 재미있는 토론의 장을 만들어 가세요.

5
마무리와
다음 차시 예고

'중요한 건 당신이 어떻게 시작했는가가 아니라 어떻게 끝내는 것이다.' 이 말처럼 끝매듭을 잘 짓는 것은 삶의 모든 영역에서 필요합니다. 토론에 있어서 마무리 역시 중요합니다. 학교에서 토론 수업을 할 때 쉬는 시간 종이 치면 흐름이 끊어지면서 산만한 분위기로 끝납니다. 마무리가 제대로 이뤄지지 않아 불편한 감정으로 수업이 끝날 때가 있었습니다. 준비한 토론 논제가 다 끝나지 않았는데 시간이 부족하다면 과감히 끊어야 합니다. 마무리할 준비를 하고 소감으로 마무리합니다.

토론 수업하면서 10분 정도는 정리하는 시간을 갖습니다. 그날의 어록, 인상적인 말 한마디, 5글자로 말하기 등 자신의 말로 메시지를 정리해보도록 하세요.

청소년 소설 『방주로 오세요』 (구병모 저, 문학과지성사)는 지구환경 문제로 인해 커다란 하늘 위 방주 도시를 만들어 놓고, 기득권층만 사는 구조에 대해 쓴 판타지 소설입니다.

"선배들의 말을 종합해 보면 선택받은 이들과 이들이 또다시 선택한 하위자들은 방주인지 바벨탑인지 모를 곳에서 신과 가까운 높이에 안도하며 살아갈 것이고, 지상에 남아 있는 자들은 개미지옥에 빠진 벌레들처럼 꼬물거리며 살아가리라는 것이었다. 언젠가는 위에 있는 이들의 먹이나 거름이 되기만을 기다리며" (『방주로오세요』 중 P.110)

방주시에 살고 있는 특별계층의 아이들만 다닐 수 있는 방주고등학교에서 벌어진 일을 통해 우리 사회의 구조적 모순을 생각하게 합니다. 특히 성경 구절을 인용하여 종교와 권위를 꼬집는 부분이 많습니다. 책에 나온 구절을 읽고 수업에 참여한 아이들이 남긴 '어록'들이 많습니다.

책을 읽고 토론한 후에 아이들이 자신만의 '한 줄 메시지'를 적어 보았습니다.

혜진 : 귀족과 노예는 영원히 사라지지 않는 불평등한 구조
진호 : 우리 사회의 바벨탑, 방주는 바로 강남구
재민 : 기득권이 되기 위해 사는 삶은 의미가 없다.
건화 : 난 영혼을 팔지 않겠어.

미정 : 가난한 자유를 선택할 거야.

이렇게 자신이 만든 한 줄 메시지는 책을 함축적으로 이해하게 됩니다. '오늘의 토론은 ○○○이다'라는 문장을 완성하는 식의 표현법도 활용할 수 있습니다. 아이들이 정리한 메시지를 하나로 연결하면 그럴듯한 책 주제가 완성됩니다. 책을 자신만의 언어로 정리하는 힘이 생기고, 전체적인 의미를 발견하는 훈련도 됩니다.

그 밖에도 토론 수업을 정리하는 창의적인 방법이 있습니다. 오늘 스스로 토론에 참여한 자신의 점수를 매겨보는 것입니다. '1~10점까지 토론 점수 매기기'를 하면 스스로 객관적인 태도를 갖게 됩니다. 자신이 잘한 점, 부족한 점, 아쉬운 점을 알게 됩니다. 잔잔한 감동과 풍성한 느낌으로 토론을 마치게 될 것입니다.

토론을 마무리하면서 '다음 차시 예고편'도 준비합니다. 무미건조하게 '다음 시간 읽어야 할 책은 ○○○'라고 소개하거나, 숙제 공지만으로 끝내버리면 아이들에게 독서의 동기부여가 되지 않습니다. 다음번 토론할 책에 대해서도 기대를 하게 합니다. 영화의 예고편이나 드라마의 예고를 보면 보고 싶어서 안달이 날 때가 있죠. 시청률을 높이고, 관객을 끌어들일 수 있는 마케팅이라 할 수 있습니다. 마찬가지로 토론 수업 진행하는 선생님은 아이들이 책을 읽을 수 있도록 다음 차시에 대한 '독서마케팅'을 해야 합니다.

우선 책을 간략히 소개해주는 방법이 있습니다. 다음 차시 읽어야 할 책 표지를 보여주면서 줄거리 및 저자소개를 해 줍니다. 인상적인 구절이나 머리말의 좋은 문장을 읽어주기도 합니다. 책 표지를 시각적으로 보여주는 것도 동기부여가 될 수 있습니다. 책 제목만 공지하지 말고 실물을 보여주는 것이 효과적입니다.

"오늘 『방주로 오세요』를 토론하고 나니 책이 더 재미있어졌죠? 다음번에 토론할 책은 오늘 읽은 책의 두 배로 재미있는 책이에요. 우리나라에서 소아마비 장애인으로 지금껏 300편 이상의 동화를 쓰신 고정욱 작가님이 쓴 책이랍니다. 바로 『페이퍼하우스』에요. 고정욱 작가님의 대표작은 『완득이』인데 선생님은 『페이퍼하우스』가 더 재밌었어요. 5점 만점에 4.9점 정도의 책이었으니까 꼭 읽은 다음 '인상 깊은 문장 다섯 개'를 찾아오세요."

이렇게 다음 차시에 대한 예고는 수업의 마무리로 반드시 필요한 단계입니다. 연결되는 수업에 기대를 하게 되면서 책을 읽어야 하는 동기부여도 확실해집니다.

5장

비경쟁토론의
10가지 사례

비경쟁토론은 협력과 소통을 기반으로 한 참여형 토론이라 할 수 있습니다. 모두가 참여하며 적극적으로 배워나갈 수 있는 시간입니다. 한 사람이 주도하지 않으며 서로가 영향을 주고받을 수 있는 과정중심의 학습입니다.

사실 독서토론은 비경쟁토론에 가깝습니다. 책에 대해 다양한 의견을 주고받기 위해서는 찬반토론 형태가 아닌 열린 생각들이 오가는 편안하고 자유로운 장이 필요합니다. 비경쟁독서토론은 한 권의 책에 대해 다양한 질문을 제기하고, 다각도로 자기 생각을 펼쳐보는 시간입니다.

이번 장은 비경쟁독서토론을 할 때 활용할 수 있는 다양한 토론 방법을 안내합니다. 스토리텔링 토론, PMI 토론, 모서리 토론, 월드카페 토론, 신호등 토론, 손바닥 토론, 만다라트 토론, 비주얼씽킹 토론, 버츄카드 토론 등은 쉽고 간편하게 토론을 경험해 볼 수 있는 기법입니다.

토론은 특별한 자격을 갖추거나 자격증이 있는 사람만 가르치는 분야가 아닙니다. 가르치고 배우는 사람이 따로 정해진 것도 아니죠. 그러므로 토론을 끌어나가는 진행자 및 토론참여자 모두 배움의 주체가 되며 평등하고 수평적인 관계의 나눔이 됩니다. 본문에 소개한 10가지 토론법 사례는 토론 모임을 만들어보고 싶거나, 토론 진행을 하고 싶은 누구나 쉽게 익힐 수 있는 방법입니다. 초등생부터 성인까지 토론을 진행할 때 따라 할 수 있는 팁이 될 수 있습니다.

1
만다라트 토론

만다라트(Mandal-art)는 창의적이고 논리적인 아이디어를 수집, 확산할 수 있는 토론 및 사고기법이라 할 수 있습니다. 만다라트는 일본 그래픽 디자이너인 이마이즈미 히로아키가 1987년에 개발한 발상 기법입니다. 만다라트가 유명해진 것은 일본 프로야구 선수인 오타니 쇼헤이때문이라고 합니다. 프로야구 드래프트 1순위로 지명받는 꿈을 가졌던 오타니 쇼헤이는 고등학교 1학년 때 만다라트로 목표를 정리했고, 모든 목표를 이루게 되었습니다.

만다라트는 브레인라이팅을 활용한 일종의 마인드맵입니다. 그러나 마인드맵처럼 아이디어를 계속 확장하지 않습니다. 8개의 주제, 64개의 생각을 얻게 됩니다.

만다라트 토론법

1) 만다라트 토론 활동지를 미리 준비한 후 대주제를 한가운데에 적습니다.

2) 대주제 주변 빈칸 8개에는 관련 소주제를 적습니다.

3) 나머지 네모 칸 8개 한가운데에는 소주제를 하나씩 적습니다.

4) 각각 소주제 아이디어를 정하고 빈칸을 채워나갑니다.

독서토론을 할 때 만다라트 토론법을 사용하기 위해서는 아이디어가 많을 때 사용하면 좋습니다. 예를 들어 책 전체의 내용을 만다라트 기법으로 정리하는 것입니다. 만다라트 64개의 칸이 많다고 생각될 때 '연꽃발상기법' 활동지로 변형해서 사용할 수 있습니다.

만다라트와 연꽃발상기법 활동지

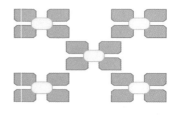

만다라트 토론 활동지를 조별로 나눠주어 토론주제에 따라 칸을 채우게 합니다. 만다라트 토론은 '창의적 사고'의 과정입니다. 유연한 사고로의 변화가 가능합니다. 만다라트나 연꽃발상기법을 활용하면 문제해결력과 응용력이 키워집니다.

조지오웰의 『동물농장』을 읽고 만다라트 토론을 한 사례입니다. 조지오웰이 1945년 발표한 소설 『동물농장』은 동물들이 인간의 수탈에서 벗어나기 위해 혁명을 일으켜 동물농장을 세우지만 새로운 지배계층인 돼지에 의해 또 다른 독재를 겪게 되는 이야기입니다. 이 책을 통해 당시 러시아 혁명 이후 스탈린의 독재를 비판하였습니다. 소설에 등장하는 동물은 인간의 삶을 비유하고 있습니다. 인간의 수탈에서 벗어나기 위해 동물들이 인간을 쫓아내지만 결국 돼지들이 지배계층이 됩니다. 독서토론 하기 좋은 책이기 때문에 초등 고학년에서 성인까지 추천합니다.

이 책을 읽고, 8개의 질문에 해당하는 카테고리를 만들었습니다. 가장 가운데에 '동물농장' 책 제목을 적어놓고, 8개의 질문(토론주제)을 적습니다. 등장인물의 특징, 작가는 어떤 사람인가, 독재의 문제점, 리더의 중요성, 교육의 필요성, 연대를 하기 위해, 중요문장, 나의 별점 8개의 항목을 만들었습니다. 각 항목을 토론하면서 진행자(혹은 기록자)가 만다라트를 채워나가면 됩니다. 질문에 대한 생각이 일목요연하게 정리되면서 책 전체의 흐름이나 주제 의식을 한눈에 볼 수 있습니다. 만다라트 토론이 끝난 후 벽면에 붙여놓거나 발표를 하여 전체 소감을 나눌 수 있습니다.

	교육의 필요성			등장인물의 특징			리더의 중요성	
			교육의 필요성	등장인물의 특징	리더의 중요성			
	독재의 문제점		독재의 문제점	동물농장	작가 '조지오엘'에 대해		작가 '조지오엘'에 대해	
			연대를 하기 위해서	나의 별점	중요 문장 8개			
	연대를 하기 위해서			나의 별점			중요 문장 8개	

2
질문 만들기
토론

질문 만들기 토론은 질문을 만드는 활동 자체가 토론이 되는 것입니다. 질문을 만들어내는 것도 훈련과 연습입니다. 좋은 질문을 많이 받을수록 생각도 커지고, 스스로 질문하는 능력도 생겨납니다. 질문을 만들기 위해서는 질문의 종류를 이해하면 쉽습니다.

① 사실적 질문 : 책의 내용에서 사실을 확인하는 질문

예) 심청이가 제물이 되어 몸을 던진 곳은 어디였나요?

　　홍길동전의 작가는 누구인가요?

　　흥부전에서 박씨를 가져다 준 건 누구였나요?

② 핵심적 질문 : 책의 주제나 작가의 의도를 묻는 질문

예) 홍길동은 왜 아버지를 아버지라고 부르지 못했나요?

신데렐라는 왜 유리구두를 잃어버렸나요?

토끼와 거북이에서 거북이가 경주에서 이긴 이유는 무엇일까요?

③ 분석적 질문 : 내용을 깊이 이해하고 추론하는 질문

예) 심청이의 어린시절은 어땠을까요?

토끼의 성격과 거북이의 성격은 어떻게 달랐을까요?

④ 관계적 질문 : 인물, 사건, 배경 간의 관계에 대한 질문

예) '플란다스의 개'에서 풍차방앗간에 불이 난 뒤 사람들이 네로에게 우유통
을 맡기지 않은 이유는 무엇인가요?

⑤ 과정적 질문 : 시간의 흐름이나 과정에 대한 질문

예) 어린왕자는 어떤 과정을 통해 친구의 중요성을 알게 되었는가?

이 책의 전반부와 후반부의 내용을 이어주는 중요한 요인은 무엇일까?

⑥ 표현적 질문 : 책 속의 문장이나 글의 표현에 관한 질문

예) 스님이 심봉사에게 공양미 삼백 석을 요구한 이유는 무엇이며, 이것에 담
긴 의미는 무엇일까?

'돼지책'에서 마지막 페이지에 '엄마는 차를 수리했습니다'라고 쓴 저자의
의도는 무엇일까?

⑦ 경험적 질문 : 내용과 관련된 독자의 경험이나 배경지식에 관한 질문

예) 주인공처럼 나도 차별을 받은 적이 있는가?

　'데미안'처럼 나를 성장하도록 도와주는 친구가 있는가?

⑧ 감정적 질문 : 내용에 관련된 감정이나 분위기를 확인하는 질문

예) '아낌없이 주는 나무'에서 모든 것을 소년에게 내어 준 나무의 기분은 어땠을까?

⑨ 평가적 질문 : 등장인물의 행동이나 생각, 혹은 내용에 대한 가치를 판단하고 문제점과 해결방안 등을 생각해 보는 질문

예) 저자의 의견에 인정하는 부분과 인정하기 힘든 부분은 무엇인가?

　아버지를 두고 인당수에 몸을 던진 심청이는 과연 효녀인가?

　백설공주가 '행복하게 살았습니다'라고 끝나는 것에 대해 인정하는가?

⑩ 상상적 질문 : '만약에'라는 가정을 함으로써 상상력을 자극하는 질문

예) 만약 타임머신을 타고 조선 시대로 갔는데 내가 '홍길동전'의 주인공처럼 천민의 신분이라면?

　만약 이 책의 제목을 다시 짓는다면?

⑪ 실천적 질문 : 토론의 궁극적 목표에 해당하는 질문으로 자신이 해야할 일이 무엇인가를 생각해보게 하는 질문

예) 오늘 책을 읽은 후 내가 적용할 점 1가지가 있다면?

　주인공을 칭찬하는 상장을 만들어준다면?

책을 읽고 질문을 만드는 것만으로도 토론이 됩니다. 처음에는 질문의 종류를 제한하지 말고 자유롭게 질문을 작성합니다. 포스트잇에 적는 것이 유용합니다. 각자 3개~5개 정도의 질문을 적고 전체적으로 비슷한 질문은 빼도록 합니다. 질문을 하기 위해서는 단편적인 사실 이상의 의미를 생각해보아야 합니다. 질문을 하기 위해서는 작가의 의도, 주인공의 행동과 선택, 나와의 비교, 만약을 가정하거나 인물을 평가하는 등 다각도로 책을 해석해 볼 수 있습니다. 꼬리에 꼬리를 물고 더 깊은 생각으로 유도하는 질문을 통해 창의적인 문제해결력이 생겨납니다.

처음에는 질문의 범위가 지나치게 넓으면 막막할 수 있기 때문에 한정적인 주제를 제시하는 것도 좋습니다. 작가에게 할 수 있는 질문을 적어보기, 표지만 보고 떠오르는 질문 적어보기, 이 책의 주인공에 대해 생각나는 질문 만들기, 책 본문의 문장을 활용하여 질문을 만들기 등 범위를 좁혀서 질문을 만들게 하면 됩니다.

간단하게는 "왜? 만약에? 어떻게?"라는 단어만 들어가도 좋은 질문이 됩니다. 질문 만드는 것 자체가 놀이가 되고, 즐거운 게임이 되도록 해보세요. 질문을 만들고 난 후 조별로 가장 좋은 질문 3가지~10가지 등 개수를 선정해서 순위를 매겨볼 수도 있습니다. 개인별(조별)로 다른 색깔의 포스트잇을 사용하면 눈에 잘 띄기도 하고 토론을 정리하기도 편합니다.

책을 읽은 후, 그림을 보고, 영화나 유튜브 드라마 등을 본 후, 우리 집에 있는 사물이나 주변 인물 등을 생각하고 질문을 만들어보는 것도 연습해보면 재미있습니다. 나의 질문 노트를 만들어 정리해두면, 시간의 흐름에 따라 자신의 사고 변화를 알게 될 수도 있겠죠.

질문을 만든 다음 질문 36개를 추려 주사위 놀이를 할 수 있습니다.

- 질문 36개를 주사위 판에 적습니다. (포스트잇이나 메모지 활용)
- 주사위를 2개 굴립니다.
- 예를 들어 4와 6이 나왔다면, 가로 4와 세로 6이 해당하는 칸입니다.
- 4~6칸에 있는 질문을 읽어 보고, 자기 생각을 말합니다.
- 돌아가면서 주사위를 던지고, 질문 판의 질문을 보고 말합니다.
- 정해진 시간이 끝나면 질문 만들기와 주사위 게임의 소감을 이야기합니다.

3
피라미드
토론

합리적이고 민주적인 의사결정을 할 수 있도록 돕는 피라미드 토론 방법은 함께 서로 협의해나가는 좋은 방법입니다. 2명 이상이 모여 대표적인 의견을 한 가지로 결정할 때 사용하는 토론기법입니다.

예를 들어 4명으로 구성된 모둠이 있다면 모둠원 모두 하나의 논제에 대해 자기 생각을 포스트잇에 작성합니다. 그리고 2명씩 짝을 지어 의견을 나누고, 2개의 의견 중 좋은 것을 한 가지만 선택합니다. 그다음 4명이 토론을 하면서 또다시 2개 중 1개의 의견으로 좁혀나갑니다. 피라미드 토론은 피라미드 모양처럼 계속해서 토론을 진행하면서 최종 의견을 맨 위에 올려놓는 것입니다.

피라미드 토론은 모든 학생이 제시된 논제에 대해 자기 생각을 적어 친구와 토론을 펼친다는 데 의의가 있습니다. 피라미드 토론 시 많이 활용하는 활동 판이 있습니다. 맨 밑에는 4개의 칸, 그 위에는 2개의 칸, 그리고 맨 위에는 1개의 칸이 있습니다. 즉 4명이 모둠원이 되어 각자 포스트잇을 적고 붙인 후, 협의를 통해 2개의 의견을 올리고, 한 번 더 토론을 거친 후 최종적으로 대표 의견을 선정하는 것입니다.

모두가 공감하고 협의한 결과 최상의 의견을 선택하는 것은 존중과 이해의 태도를 길러줍니다. 나의 의견과 타인의 의견 중 더 좋은 것을 선택하는 과정을 통해 대화가 이뤄집니다. 누군가의 독단적인 의견이 개입되는 것이 아닙니다. 내 것, 네 것이 없어지고 '우리'라는 의식이 싹틉니다.

학생들과 오 헨리의 단편소설 『마지막 잎새』를 읽고 피라미드 토론을 해 보았습니다. 피라미드 토론을 할 수 있는 논제입니다.

① 존시는 마지막 잎새가 떨어지면 자기가 죽을 것이라고 했습니다. 사람들은 언제 가장 절망감을 느낄까요? 피라미드 토론으로 의견을 제시하여 정해봅시다.

② 다른 사람들이 어려움을 겪거나 좌절하고 포기하려 할 때 어떻게 용기와 희망을 줄 수 있을까요?

③ 베어먼 노인의 마지막 잎새는 위대한 걸작품으로 불립니다. 이 밖에도 인류의 위대한 예술작품은 많습니다. 위대한 예술작품이 되기 위한 조건은 무

엇이라고 생각하나요?

④ 이 책의 가장 큰 주제를 한 가지로 정리해봅시다.

　피라미드 토론의 모형은 여러 가지로 변형할 수 있습니다. 1:1-2:2-4:4로 확장해 나가며 계속해서 2개 중 한 개의 의견으로 좁혀나가는 것을 가장 기본 방식으로 합니다. 의견을 더 많이 내고 싶을 때는 각 사람이 2가지씩 의견을 낼 수도 있습니다. 그러면 2명이 모였을 때 4개의 의견이 만들어지죠. 그중 2개를 선정합니다. 4명이 모이게 되면 또다시 2개의 의견이 만들어집니다. 최종적으로 1가지로 결정합니다. 피라미드 토론을 다양한 방식으로 변형해서 사용할 수 있습니다.

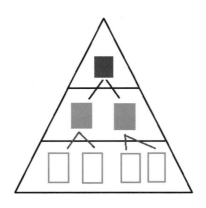

　피라미드 토론을 한 후 아이들은 다음과 같은 소감을 후기로 나눴습니다.

"주장이 많으면 하나로 결정하기 어려운데, 이번 피라미드 토론에서는 하나로 정리하는 방식을 배울 수 있어서 좋았습니다."

"내 의견이 최종결정될 때 기분이 매우 좋았어요."

"내 의견이 제거될 때는 좀 더 합리적인 의견을 생각해보는 계기도 되었습니다."

"새로운 방식의 토론이어서 즐거웠고, 현명한 의사결정 방법인 것 같습니다"

모든 토론 수업은 학생들의 자발적인 참여로 배움이 커집니다. 피라미드 토론도 막상 해 보면 어렵지 않습니다. 그리고 아이들이 어떻게 하면 토론을 잘 할 수 있을까 스스로 터득하게 됩니다.

4

PMI 토론

모든 사람은 긍정적인 면과 부정적인 면을 동시에 갖고 있습니다. 책 속에 등장하는 인물을 평가할 때도 보이는 면만 생각해서는 안 됩니다. 긍정적, 부정적인 측면을 다양하게 두루두루 생각해보아야 합니다.

PMI 토론은 한 가지 측면을 다각도로 이해할 수 있는 토론 방법입니다. PMI의 약자는 다음과 같습니다. P는 Plus(장점, 긍정적인 점), M은 Minus(단점, 고칠 점, 부정적인 점), I는 Interesting(흥미로운 점, 창의적인 점, 재미있는 점)을 의미합니다.

PMI는 인물이나 사건의 장점, 단점, 흥미로운 점(새로운 점, 기발한 점)을 생각해 보는 토론입니다. PMI 토론을 할 때 P와 M은 금방 찾을 수 있습니다. 그러나 I에 관한 것은 주제와 연관 지어 창의적인 생각을 할 때 토론이 가능합니다.

존 버닝햄의 그림책 『에드와르도』에는 말썽꾸러기 같은 주인공 '에드와르
도'가 등장합니다. 간단한 그림책이지만 한 사람을 변화시키는 것이 무엇일
까를 생각하게 합니다. 또한 어른들의 칭찬과 격려과 아이들에게 미치는 영
향도 알 수 있습니다. 주인공 에드와르도를 평가하기 위해 PMI 토론을 해
보았습니다.

P (에드와르도의 장점)	M (에드와르도의 단점)	I (흥미있거나 창의적인 면)
자유롭다	충동적이다	에드와르도의 행동이 선의로 해
당당하다	즉흥적인 행동으로 타인에게	석되었을 때 선한 행동으로 변화
하고 싶은 것을 한다	상처준다	했다
순수하다	방이 지저분하다	에드와르도는 그저 사랑스러운
기발하고 창의적이다	감정적이다	아이다. 어른들이 바라보는 시각
유쾌하다	조심스럽지 못해 사고를 낸다	이 문제다
솔직하다	주관이 없다	칭찬과 격려과 아이들을 성장시
천진난만하다	장난이 심하다	킨다
호기심이 많다	참을성이 부족하다	주위 사람들의 따뜻한 시선이 사
친구들을 좋아한다	자신의 행동을 돌아보지 않는다	람을 변화시킨다.
자기 욕구를 잘 표현한다	주위에 귀 기울이지 않는다	상대방의 말을 잘 수용하는 태도
슈퍼맨 같다	기분대로 행동한다	가 엿보인다
칭찬을 받았을 때 성장한다	자신의 욕구를 지나치게	크게 될 아이의 어린시절은 창의
	드러낸다	적이다
		자녀를 키울 때는 칭찬이 중요하다

PMI 토론은 혼자서 먼저 활동지를 작성하고, 옆 친구와 생각을 나누게 하는 방식으로 진행될 수 있으며, 모둠별 활동으로 이어질 수도 있습니다. 활동지를 만들어 P, M, I에 해당하는 부분의 내용을 적을 수도 있고, 색깔이 다른 포스트잇 3장에 내용을 나눠 적어도 됩니다.

"500인 원탁토론 테이블 진행자로 참여해주실 수 있나요?"

제가 사는 수원시에서는 매년 500명의 시민이 원탁토론을 벌입니다. 원형 테이블에는 1명의 퍼실리테이터(테이블 진행자)가 10명의 참가자와 토론을 합니다. 토론 주제는 주로 시의 정책 및 현안과 함께 자유로운 안건이 대부분. 500인 원탁토론은 시민과 행정이 함께 2인 3각 경기와 같은 시간이 됩니다.

수원시의 500인 시민주도 대토론회의 퍼실리테이터(테이블 진행자)로 참여하면서 배운 것이 많습니다. 과연 시민들의 의견이 수렴되어 진짜 정책이 만들어질 수 있을까 의구심을 가진 분들도 있었지만 교과서 속 민주주의를 온몸으로 경험하는 기회가 되었습니다.

그중 한 60대 참가자의 이야기가 기억에 남습니다.

"얘기할 수 있는 자리가 너무 재밌었어. 되든 안 되든, 이뤄지든 아니든, 토론 자리를 마련한 것 시도가 좋았어. 내 얘기를 함께 들어준다는 게 뿌듯했다고나 할까. 맨날 정치인들이 떠드는 민주주의가 뭔지 몰랐는데, 내가 나와서 한마디라도 하는 거 이게 민주주의 아닐까?"라고 말씀해주시더라구요. 뭔가 가슴 뭉클하고 감동적이었어요. 바로 이것이 시민 민주주의라는 생각도 들었고요.

500인 원탁토론을 참여하면서 한 가지 이야기가 떠올랐습니다. 바로 12세기 영국의 '아더 왕의 전설'에 나오는 '원탁의 기사'라는 이야기입니다. 아더 왕과 기사들은 '원이 되어 함께 서로를 돕기 위해' 원탁이라는 것을 만들었습니다.

매일 밤 모험 이야기가 넘쳤고, 평화를 도모하는 자리였다고 해요. 기사들이 원을 만들기만 하면 원탁이라는 자리에서 누구나 이야기를 꺼낼 수 있었던 자유로움이 있던 곳입니다.

둥그런 원탁에 앉아 다양한 연령, 계층의 시민들 이야기를 듣고 현안을 고민하는 자리. 당장 사회가 바뀌지 않더라도 '거대한 행정기관이 내 이야기를 들어주는구나'를 경험하게 됩니다. 서로 들어주고 공감해주는 토론의 시간이 쌓여나갈 때 소통의 사회가 될 수 있겠죠?

5
월드카페 토론

월드카페는 '카페'라는 이름처럼 다과와 편안한 수다처럼 자기 생각을 말하는 자리입니다. 토론 주제에 맞게 이야기의 흐름을 만들어가는 진행자 역할이 중요합니다. 소규모 인원부터 100명 이상의 대규모 인원도 월드카페 토론을 진행할 수 있습니다. 월드카페를 하기 위해서는 테이블이 여럿 필요하며, 테이블별로 호스트 역할을 하는 진행자가 필요합니다.

월드카페 토론 방법

① 공간 및 자리를 배치합니다. 한 테이블에 4명에서 6명이 앉을 수 있도록 책상과 의자를 둡니다. 진행자(호스트)는 각 테이블별 1명이 필요합니다.
② 앉은 자리에서 1차 토론을 합니다. 주어진 주제에 따라 자유롭게 말하거

나 표현합니다. 호스트가 포스트잇에 내용을 적게 하거나 전지에 메모를 할 수 있도록 합니다.

③ 전체 진행자가 시간이 끝났음을 알려줍니다.

④ 모둠원이 이동합니다. 1조는 2조로, 2조는 3조로, 3조는 4조로, 4조는 1조로 옮깁니다. 이때 진행자(호스트)는 가만히 자리를 지킵니다.

⑤ 새로운 토론자가 자리에 앉으면 각 테이블의 호스트는 자기소개를 하고 모둠원에게 토론주제를 소개합니다. 토론 시간이 끝났음을 알릴 때까지 토론합니다.

⑥ 테이블을 모두 이동한 후 원래의 자리로 돌아오면 월드카페 토론이 끝납니다.

⑦ 각 진행자(호스트)가 토론 내용을 전체적으로 발표합니다.

⑧ 전체 토론을 진행하는 선생님이 월드카페 토론의 소감을 나누고, 배움을 정리합니다.

월드카페 토론은 집단지성의 힘을 느끼게 합니다. 편안한 환경에서 대화하듯 토론하기 때문에 부담도 적습니다. 이동하면서 토론하게 되므로, 재미도 있습니다. 다양한 주제를 한꺼번에 토론할 수 있는 장점도 있습니다.

각 테이블에 있는 호스트는 진행자 역할을 하는데, 같은 토론주제를 여러 번 반복하기 때문에 토론 진행 능력이 점차 능숙해질 것입니다. 누구보다도 가장 토론 주제에 대해 상세하고 깊이 있게 알게 됩니다.

아쿠다카와 류노스케의 단편소설 『코』를 읽고 월드카페 형식의 독서토론을 진행해보았습니다. 이때 30명의 참가자들을 6개의 조로 나누고, 6개의 논제를 정했습니다. 4명이 한 모둠이 되어(1명은 호스트) 자리를 5번 이동하면서 월드카페 토론을 했습니다.

단편소설 『코』는 기형적으로 긴 코 때문에 괴로워하는 스님의 이야기입니다. 젠치 나이구라는 스님은 코가 턱 밑까지 축 늘어진 모양 때문에 사람들의 시선을 의식합니다. 어느 날 한 제자가 교토에서 배워온 치료법이라며 코를 작게 만들 수 있는 시술을 합니다. 정말 코는 짧아졌지만 이전보다도 사람들은 훨씬 나이구 스님을 보고 노골적으로 웃습니다. 자존심이 상한 나이구는 우울한 기분이 들고 괴로워합니다. 다시금 코가 길어지면 좋겠다고 생각하는데 잠을 자고 일어난 어느 날 아침 기적적으로 코가 원래대로 길어졌습니다.

이 책을 읽고 학생들과 월드카페 토론을 했던 토론 논제입니다. 코 때문에 수행을 하는 스님도 괴로워하고 남의 시선을 의식하는 모습처럼 누구나 외모에 대해 고민할 수 있습니다. 과연 우리 사회의 외모지상주의 및 보여지는 삶에 대해서 어떤 생각을 하고 있는지 토론해보는 자리였습니다.

① 사람들은 왜 외모에 집착할까?
② 요즘 한국사회의 유행은 무엇인가?
③ 성형수술에 찬성 혹은 반대하는가?
④ 바꾸고 싶은 나의 신체 부위가 있다면?
⑤ 외모에 자신감을 갖는 비결은?
⑥ 인생에서 외모 말고 중요한 것은 무엇일까?

월드카페 토론을 하면 다양한 주제를 이동하면서 토론하기 때문에 지루함을 덜 수 있으며, 이른 시간 안에 여러 가지 토론 주제가 정리됩니다. 또한 20명 이상의 대규모 토론을 쉽게 진행할 수 있는 방법이기도 합니다.

6

모서리 토론

모서리 토론은 사각형의 모서리처럼 4가지의 선택지 중 자신이 택하고 싶은 입장을 정해 모서리별로 토론하는 방식을 말합니다. 찬반토론보다 확장성이 있고, 모서리의 의견 자체가 하나의 모둠이 됩니다. 각각의 의견을 타당하게 검증해나가는 과정입니다.

모서리 토론 방법

① 토론 주제 정하기
② 의견을 종합하여 4가지로 모으기
③ 각 모서리의 위치를 정한 다음 자신이 가고 싶은 장소로 이동하기
④ 각 모서리에 모인 사람들이 의견을 주고받기
⑤ 팀원들의 의견을 모아 메모하기

⑥ 팀원 중 한 명이 대표자가 되어 발표하기

⑦ 모둠을 옮길 의사가 있는지 물어본 다음 옮기고 싶은 사람들은 자유롭게 이동하기

⑧ 다시 새로운 의견을 더해 토론하기

⑨ 최종 발표를 한 다음 가장 많은 팀원이 남은 모서리에 점수를 준다.

모서리 토론을 할 때는 필기구와 활동지 정도만 있으면 토론이 가능합니다. 같은 모서리를 선택한 사람들끼리 한곳에 모여 자신이 그 의견을 선택한 이유를 말합니다. 다른 사람의 의견을 들으면서 내 생각이 강화되기도 하고 확대되기도 하겠죠. 모둠별 토론이 끝나면 각 모서리의 기록자는 사람들 앞에서 발표합니다. 모서리 토론은 모두가 즐겁게 참여하는 수평적 토론방식입니다.

체험활동 장소 정하기(에버랜드, 종합운동장, 동물원, 호수공원)

외식장소 정하기(중국집, 삼겹살, 피자, 치킨)

청소년 이성교제 스킨십의 정도(손, 포옹, 뽀뽀, 키스)

직업선택의 조건(보수, 재능, 즐거움, 안정)

약속장소 정하기 좋은 곳(분식집, 편의점, 치킨집, 문구점)

이 밖에도 책의 토론 질문을 모서리 토론의 형태로 만들어 토론해 볼 수 있습니다.

7

하브루타 토론

유대인의 교육 중 하브루타가 있습니다. 짝을 지어 질문하고 대화하고 토론하는 것입니다. 좀 더 쉽게 말하면 친구와 질문을 주고받으며 이야기 나누는 활동입니다. 하브루타의 원래 뜻은 '친구, 짝, 파트너'라는 뜻의 '하베르'에서 유래하였습니다. 유대인은 탈무드를 공부할 때 둘씩 짝지어 질문하고 대답하면서 대화, 토론하는 문화가 수천 년간 지속해 왔습니다. 최근 시중에는 유대인의 공부법 하브루타를 소개하는 책도 많이 나왔습니다.

'좋은 질문을 던지는 사람이 리더가 된다'는 말이 있습니다. 의문을 품고 질문하는 것은 자기만의 생각을 하는 중요한 방식입니다. 유대인 속담 중 '100명이 있다면 100개의 대답이 있다'는 말이 있습니다. 질문은 단 하나의 답을 갖지 않습니다. 모든 사람은 동등하게 자기 생각을 가질 권리가 있습니다. 하브루타 방식의 짝 토론을 통해 가벼운 주제에서부터 심오한 철학적 주제까지 다양하게 토론을 할 수 있습니다.

하브루타 토론 역시 질문 훈련, 질문 놀이에 가깝습니다. 질문을 던지면 뇌에 충돌이 일어나고, 창조적인 아이디어가 반짝입니다. 스티브 잡스도 끊임없이 질문하면서 아이폰이나 맥북 등을 만들어냈다고 해요. 질문을 주고받는 것만으로도 스스로 답을 찾아가게 됩니다. 하브루타 토론을 하기 위해서는 환경 조성이 중요합니다. 어떤 질문과 대답도 허용할 수 있는 자유로운 분위기 말이죠. 아이가 엉뚱한 대답을 해도 허용할 수 있는 마음이나 유쾌하게 받아들일 수 있는 태도가 필요해요.

하브루타 토론으로 질문을 만든 후에는 상대방이 만든 질문을 듣고, 자신이 만든 질문과 비교해보는 과정이 있어야 합니다. 같은 텍스트를 읽고도 그 사람의 경험, 관점, 관심사에 따라 서로 다른 질문이 나오기 때문입니다. 서로의 질문을 비교해보면서 다양한 관점에서 사고할 수 있는 능력이 향상됩니다. 하브루타 토론으로 질문 만드는 것이 자유롭게 이뤄지면 점점 높은 차원의 질문을 만들게 되고, 나만의 사고 틀이 형성됩니다.

쌩떽쥐베리의 『어린왕자』를 읽고, 하브루타 토론을 해 보았습니다. 책을 읽은 후에 토론할 본문 내용을 정하고 질문과 대답을 이어나가도록 했습니다. 다음은 아이와 함께 하브루타 토론을 했던 사례입니다.

"너희들은 아름다워. 하지만 너희들은 비어있어. 아무도 너희들을 위해 죽을 수 없을 테니까. 물론 나의 꽃인 내 장미도 멋모르는 행인은 너희들과 비슷하다고 생각할 거야. 하지만 내겐 그 꽃 하나만으로도 너희들 전부보다 더 소중해. 내가 물을 준 것은 그 꽃이기 때문이야. 내가 유리 덮개를 씌워준 건 그 꽃이기 때문이야. 내가 바람막이로 바람을 막아준 건 그 꽃이기 때문이야. 내가 불평을 들어주고 허풍을 들어주고 때로는 심지어 침묵까지 들어준 내 꽃이기 때문이야. 나의 장미이기 때문이야." 『어린왕자』 (p.166, 책이있는마을)

A : '아름다움'은 뭐라고 생각해?

B : 보기 좋은 거. 꽃이나 하늘이나 무지개, 나무, 산과 바다. 이런 자연은 보기만 해도 좋으니까. 엄마는 아름다운 게 뭐야?

A : 자연도 아름답지만 사람들이 선하고 착한 마음을 갖고 누군가를 돕는 일도 아름다운 것 같아. 왜 어린왕자가 '아름답지만 비어있다'고 한 걸까?

B : 겉모습만 예쁘고 내면이 텅텅 빈 사람들? 외모는 아름답지만 나쁜 마음이나 욕심을 가진 사람들 아닐까?

A : 그런 것 같다. 아무리 예쁘게 꾸미고 성형수술을 해도 사람의 내면이 아름답지 않다면 추해 보이니까. 그리고 꽃 한송 이가 더 소중하다고 말한 건 왜일까?

B : 엄마는 내가 제일 소중하지 않아? 수백억을 준다고 해도 나는 가족을 다른 어떤 것과 바꾸지 않을 거야. 이런 뜻인 거 같아. 엄마는 가장 소중한 사람이 누구야?

A : 당연히 B지. 그리고 우리 가족이고. 사랑하는 사람, 소중한 사람에게 마

음을 쏟는 것은 중요한 일이겠지. 아무리 바빠도 너와 이렇게 얘기 나누는 게 가치 있는 일이라고 생각하니까. 어린왕자가 사랑한 장미꽃처럼 네가 소중한 친구가 있어?

B : 응. 나는 학교 친구 중 C가 제일 좋아. C는 나에게 있어서 장미꽃 같아. 학교에서 종일 같이 놀아도 집에 와서 또 같이 놀고 싶고. 나중에는 어른 되면 같이 살고 싶어. 자취하게 되면 같이 집 얻어서.

A : 함께 사는 건 피곤한 일이기도 해. 어린왕자처럼 정성을 쏟아야 하거든. 싫은 일도 해야 하고. 밥하고, 청소하고, 빨래하는 일 같은 거.

B : 그럼 엄마는 함께 사는 사람들이 피곤해?

A : 그럴 때도 있지. 몸이 힘들 때. 하지만 가치 있는 일이라고 생각하고 마음을 쏟아야 해.

B : 어떻게 마음을 쏟을 수 있어?

A : 마음을 쏟는다는 건, 그 사람을 생각하는 시간이 아닐까. '오늘 저녁은 B가 좋아하는 등갈비찜을 해야지. 그러려면 마트에 가서 갈비를 미리 사 와서 요리하기 삶아 놓고, 준비해야 하니까 3시쯤 나가봐야겠다.' 이렇게 생각하고 실천하는 시간 말이야.

B : 아. 그래서 엄마가 나를 생각하는 마음으로 요리를 하는 거구나?

A : 맞아. 마음을 쏟는 건 조금 수고스럽지만 상대방을 생각하는 마음이 담겨 있어. 그래서 그걸 상대방이 언젠가는 알게 되지. 네가 사랑하는 사람이 생겨도 마찬가지일 거야.

B : 그럼 내가 키우던 물고기를 죽게 한 것은 마음을 쏟지 않아서일까? 아니면 사랑하지 않아서일까?

A : 관심을 너무 두지 않아서일 수도 있고, 관심이 지나쳐서일 수도 있고, 먹이를 많이 주었거나 물을 너무 자주 갈아주어서일 수도 있어. 이건 관심이 많아서인 거지. 엄마가 보기엔 B는 관심이 많았던 거야.

B : 나는 너무 사랑해서 그런 건데.

A : 그래서 이 책에서 '침묵까지 들어준다'라는 말이 있잖아. 뭘 해주려고 하지 않고, 가만히 기다리거나 조용히 곁에 있는 시간.

B : 아. 침묵이 그런 거구나? 엄마는 침묵이 좋아?

A : 시끄러운 것보다 조용한 게 좋아. 사람 많은 데서 시끌벅적한 게 싫거든. 혼자 조용히 기도하는 시간 같은 거.

B : 아, 엄마는 조용한 성격이라 그런가 봐. 나는 친구들 많은 게 재밌는데.

A : 물론 친구들이 많을수록 좋을 때도 있지만, 단 한 명의 소중한 사람을 평생 곁에 두는 게 의미있는 일일 때도 있지. 결혼은 단 한명과 할 수 있으니까. 여러 사람을 동시에 사랑하는 건 사랑이 아니잖아.

B : 아. 맞다. 사랑은 한 사람과 하는 거지? 그러니까 장미꽃과 어린왕자는 사랑하는 사이라는 거지. 수많은 장미꽃이 필요없다고 한 말이.

하브루타 토론을 하기 위해서는 여러 가지 대화기술이 필요합니다. 질문을 던지고 생각하는 시간을 기다리고, 상대방의 대답을 잘 듣고 또다시 질문을 하는 것. 이렇게 주거니 받거니 하브루타 토론을 하면 책에 대해서도 깊이 있는 생각을 하게 됩니다. 일상적인 다양한 주제로 토론할 수도 있으며 책 내용에 한정 지어 토론을 할 수도 있겠죠.

가정에서 혹은 학교 혹은 모임에서 하브루타 토론을 할 때 무엇보다도 상대방의 생각을 듣는 과정을 중요하게 여기면 됩니다. 토론은 하나의 결론을 내는 것이라기보다는 과정의 즐거움, 배움이니까요.

그림책 하브루타 토론을 할 때 사용하면 좋을 그림책 질문을 소개합니다. 순발력 있게 질문을 하기 힘들 때 그림책 질문 리스트를 활용하면 원활하게 하브루타 토론을 할 수 있습니다. 아래의 질문을 카드 형태로 만들어 사용할 수도 있습니다. 질문 리스트를 활용하여 글쓰기 수업과 연계해도 좋습니다.

책표지를 보고 이 책의 내용을 상상해본다면?	제목을 보고 책 내용을 상상한다면?	책 표지 그림을 보고 떠오르는 단어는?	이야기의 배경이 되는 시간과 장소는?	그림책에서 가장 많이 사용한 색깔은?	이 책에서 가장 마음에 드는 장면(그림)은?	책에서 가장 인상깊은 문장은?
책을 읽은 후 떠오른 감정 단어는?	이 책을 읽고 떠오른 사람은?	이 책을 읽고 떠오른 동물, 꽃과 같은 자연물은?	책을 읽은 후 소원이 생겼다면?	책 내용 중 생각나는 단어 3가지는?	주인공은 어떤 사람일까?	주인공은 어떤 재능이 있었나?
등장인물에게 선물 하고 싶은 것이 있다면?	이 책을 읽고 가보고 싶은 곳이 있다면?	작가에게 하고 싶은 말은?	주인공에게 해주고 싶은 말은?	등장하는 인물은 누구인가요?	나와 주인공의 다른 점은?	주인공의 마음은 어떻게 변했나?
책표지를 보고 이 책의 내용을 상상해본다면?	나와 주인공의 차이점은?	등장인물 중 나와 가장 닮은 인물은?	책 내용과 비슷한 경험이 있나요?	이 책을 누구에게 선물하고 싶은가?	주인공과 함께 해보고 싶은 일이 있다면?	제목을 다시 짓는다면?
뒷이야기는 어떻게 되었나요?	주인공의 이름을 새롭게 지어준다면?	작가 소개에서 인상적인 말은?	작가는 어떤 사람일 것 같나요?	작가가 이 책을 쓴 이유는 무엇일까요?	내가 만약 작가라면 결말을 어떻게 바꾸고 싶나요?	이 책에 별점을 매긴다면?
책 소감을 5글자로 말하면?	이 책을 읽고 배운 점은?	이 책을 읽고 새롭게 알게 된 것은?	오늘 질문 중 최고의 질문은?	등장인물에게 주고 싶은 상이 있다면?	주인공은 어떤 직업을 가지면 잘 어울릴까요?	작가에게 편지를 써보세요.
책에 나온 단어로 빙고게임 해보기	마음에 드는 장면 따라 그리기	OOO라는 말은 무슨 뜻일까?	책 광고문을 만들면?	이 책과 비슷한 책이 기억나나?	주인공이 가장 중요하게 생각하는 가치는?	내가 실천 해보고 싶은 것은?

8
비주얼씽킹
토론

비주얼씽킹은 자기 생각을 글과 이미지로 체계화하는 시각적 사고기법입니다. 생각을 그림으로 표현하는 것이죠. 비주얼씽킹은 스토리를 이미지 중심으로 표현하는 기법이에요. 그림을 그리듯 자유롭게 생각하기 때문에 직관적인 표현이 가능해집니다. 텍스트로 길게 설명하지 않아도 한 장의 그림이나 사진으로 생각이 전달됩니다. 심지어 마음마저 움직이게 되니까요. 비주얼씽킹 토론은 추상적인 의미를 구체화하는 방식입니다. 데이터를 한눈에 살펴보기 쉽게 만드는 시각화 기법은 느낌으로 이해를 돕습니다. 상상력은 보이지 않는 것을 볼 줄 아는 능력입니다. 머릿속의 상상을 이미지로 구현하여 세상에 새롭게 내놓는 것으로 예술작품을 만들거나 신제품을 생산해냅니다.

비주얼씽킹에 대한 이해를 쉽게 할 수 있었던 영화가 생각납니다. 영화 〈조이)에서 주인공 '조이'는 어릴 때부터 "세상 모두가 좋아할 아주 멋진 물건들을 만들 거야"라고 생각합니다. 하지만 조이가 어른이 되었을 때는 어릴 적 꿈과 거리가 먼 삶을 살게 되었습니다. 이혼한 부모님과 전남편, 할머니와 두 아이까지. 간신히 하루하루를 살아가는 싱글맘이었죠. 어느 날 배 안에서 사람들과 함께 와인을 마시다가 유리로 된 와인잔이 깨지게 되었어요. 주인공 조이는 대걸레로 유리 조각을 쓸고 닦으며 갑자기 아이디어가 떠올랐습니다. 유리 조각에 손을 베어 피가 흐르는 순간 떠오른 생각이었어요. 바로 손을 쓰지 않고도 저절로 짤 수 있는 대걸레를 만드는 것입니다.

집으로 돌아오자마자 머릿속에서 아이디어가 떠오른 것을 아이 방에 놓여 있던 크레파스로 쓱쓱 몇 장 그림을 그려보았습니다. 상상을 이미지화한 것이죠. 스케치북에 대충 그려놓았던 아이디어 스케치 같은 그림이 우여곡절 끝에 상품으로 만들어집니다. 자신의 아이디어를 실용화하고 1996년 저절로 짤수 있는 '미라클 몹' 이라는 대걸레를 홈쇼핑 채널 QVC에서 판매하게 되었어요. 상상을 실현할 수 있는 간단한 그림과 같은 이미지가 위대한 발명품이나 창작물이 됩니다.

비주얼씽킹을 토론에 적용해보는 거예요. 책을 읽고 자신만의 생각과 느낌을 한 페이지의 그림으로 정리해보거나 몇 개의 단어로 표현해 보는 것은 비주얼씽킹 토론의 간단한 방법입니다. 그림을 못 그려도 됩니다. 졸라맨처럼 사람을 표현하거나 말풍선에 간단한 단어만 써 놓아도 됩니다. 조별 토론을 하면서 비주얼씽킹 기법으로 토론내용을 정리할 수도 있습니다. 그림을 그리지 못할 때는 스티커나 프린트된 사진 등을 사용하여 이미지를 표현할 수도 있습니다.

'네 마음껏 그려봐.' 라고 했을 때 흰 종이가 부담스러울 때가 있어요. 그렇기 때문에 토론을 하면서 여럿이 협업으로 비주얼씽킹을 하면 부담이 적습니다.

비주얼씽킹 토론으로 만든 신문

비주얼씽킹기법의 토론을 활용한 몇 가지 사례입니다.

① A4를 8칸으로 나누어 접은 다음 책의 스토리를 8단계로 정리해봅니다. 이 때 얼굴표정, 사물 등으로 단순하게 그립니다. 필요에 따라서 단어를 추가해서 적습니다. 각자 그린 것을 서로 토론해봅니다.

② 책 제목을 이미지화하여 표현합니다.

③ 책 표지 및 삽화 그림에 나온 인물 옆에 말풍선을 포스트잇으로 붙이고 대화를 적어 봅니다.

④ 책에서 인상깊은 문장을 하나 적은 다음, 그림으로 표현해 봅니다.

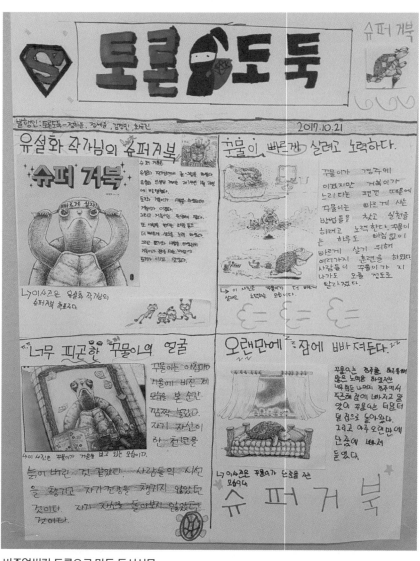

비주얼씽킹 토론으로 만든 독서신문

9

위시리스트
토론

위시리스트(Wish list)는 말 그대로 희망목록이라는 뜻입니다. 여러 가지 희망목록 중 최선의 목록을 찾아보는 토론입니다. 목록을 작성하면서 가장 중요한 것, 중요한 것, 덜 중요한 것 3단계로 나눠볼 수 있습니다. 위시리스트 토론의 방법은 다음과 같습니다.

① 모둠을 나눈다. 4~6명이 적당하다.

② 모둠별로 주제에 대한 희망목록을 작성한다.

③ 희망목록을 작성할 때 '매우 중요, 중요, 덜 중요' 세가지로 구분해서 적게 한다.

④ 토론 결과를 전체적으로 발표한다.

모니카페트의 『행복한청소부』를 읽고, 위시리스트 토론을 해보았습니다. 독일의 거리표지판을 닦는 청소부에 대한 이야기입니다. 자기 일을 사랑하고 어떤 일과도 바꾸고 싶지 않을 만큼 자부심을 느끼며 살았던 청소부 아저씨. 어느 날부터 음악가와 작가에 대해 공부를 하고 노래를 부르고 글을 읽었습니다. 사람들이 청소부 아저씨의 이야기를 들으러 점점 몰려오고, TV 프로그램에도 출연하게 되었습니다. 하지만 청소부 아저씨는 자기가 가장 행복한 순간, 청소하는 일을 포기하지 않았다는 이야기입니다.

이 책을 읽은 후 아이들과 행복에 관해 토론해 보았습니다. "행복의 조건은 무엇일까?"라는 주제로 위시리스트 토론을 할 때, 행복의 조건에 해당하는 목록을 나열한 다음 '가장 중요한 것 – 중요한 것 – 중요하지 않은 것'으로 나눠보면 됩니다.

가장 중요한 것	중요한 것	중요하지 않은 것
자유시간 용기 인정 자신감 긍정적인 태도	가족 돈 (생활이 가능한 정도) 주체적인 결정 친구 건강 책임감 예술	대학이나 학교 성적 좋은 집, 좋은 차 키나 외모 아주 많은 친구

10
인터뷰식 토론

　예전에 제가 MBC 9시 뉴스에 약 10초 가량 나온 적이 있습니다. 서울역 앞에서 인터뷰하였고, 지나가는 시민으로 잠깐 뉴스에 방송되었습니다. 인터뷰어의 질문은 바로 '가정용 모기약이 효과가 있다고 생각하나요?'라는 것이었어요. 여름이 시작되면 전기 모기향을 피우고 잠을 잡니다. 모기향을 피우기도 하고, 에프킬라 같은 모기퇴치 스프레이를 뿌리기도 하죠. 당시 뉴스의 취지는 전기 모기향이나 모기 스프레이 등 마트에서 판매하는 모기퇴치용품의 가격 대비 효능이 어떠한가를 현실성 있는 목소리로 담아냈습니다.

　편집된 영상이기 때문에 제가 했던 말이 모두 담기지는 않았어요. 그러나 갑작스러운 인터뷰 질문에 답을 하면서 짧은 시간 생각을 하게 되더라고요. 습관처럼 매년 모기기피제나 모기향, 모기스프레이 등을 구매하는데 생각보다 비용이 컸던 일이 떠오릅니다. 묶음제품으로 여러 개를 판매하는데 여름이다 가기 전에 전기모기향 리필을 다 사용하지도 못했습니다. 이것의 불합리함을 결코 생각해보지 못했죠. 누군가 인터뷰 질문을 던졌기 때문에 저도 평소 생각하지 못했던 의문점을 떠올리게 되었습니다.

이처럼 인터뷰는 개인 및 집단에 조사와 취재 등의 목적으로 행해지는 것입니다. 인터뷰는 질문과 대답의 형식으로 구성됩니다. '인터뷰이'는 인터뷰에 응하는 사람을 말합니다. '인터뷰어'는 인터뷰를 하는 사람을 말합니다. 서로 대화를 나누는 것과 인터뷰는 어떤 차이점이 있을까요? 일상 대화와 분명 인터뷰는 다른 점이 있습니다.

바로 '질문의 기술'입니다. 인터뷰어는 인터뷰이에게 질문을 통해서 원하는 방향의 메시지를 얻습니다. 모르는 것은 물어보라는 말이 있죠. 누군가의 생각을 알기 위한 가장 쉽고 빠른 방법은 물어보는 것입니다. 질문은 생각하는 힘을 키우는 과정입니다. 유대인 속담에 '좋은 질문을 던지는 사람이 리더가 된다'는 말이 있습니다. 의문을 품고 질문을 하는 과정으로 자기만의 생각을 하게 됩니다. 질문은 단 하나의 정답만을 갖지 않습니다. 열린 답변이 얼마든지 가능합니다.

인터뷰를 하기 위해서는 반드시 대상이 필요합니다. 인터뷰어와 인터뷰이입니다. 인터뷰어와 인터뷰이가 딱 1명씩일 필요는 없습니다. 여러 명이 한 사람을 인터뷰할 수도 있으며, 한 사람이 여러 명에게 인터뷰할 수도 있습니다. 질문을 통해 서로 알아가며 사람에 대한 이해가 넓어집니다.

혹시 책을 읽다가 주인공 혹은 작가에게 질문하고 싶을 때가 있지 않나요? 작가에게 궁금한 점이나 주인공에게 꼭 물어보고 싶은 말이 있잖아요.

하지만 상상속의 주인공을 만날 수는 없습니다. 또한 외국의 작가나 이미 세상을 떠난 작가를 만날 수도 없는 노릇입니다. 이럴 때 관련 인물을 찾아가 인터뷰를 해 볼 수도 있습니다. 토론 참가자들과 가상 인터뷰를 할 수도 있겠지요.

한신대학교 정조교양대학 김준혁 교수님을 직접 만나 전문가 인터뷰를 한 초등학생 토론

10-1
독서토론 후 관련
직업인 인터뷰 실습

독서토론을 했던 책 중 『우리나라 최초 여성 파일럿 권기옥』이라는 위인전이 있습니다. 우리나라 최초의 여성 파일럿 권기옥의 일생을 담은 이야기입니다. 여자의 몸으로 비행사가 되기 위해 노력했던 모습과 함께 당당하게 세상과 맞섰던 모습이 인상적이었습니다. 4학년 아이들 네 명과 함께 책을 읽은 후 토론을 했고, 아이들은 진짜 파일럿을 만나보고 싶다고 했습니다. 책 토론으로 그치는 것이 아니라 현실에서 파일럿을 만나보는 경험을 통해 새로운 배움을 얻을 수 있습니다. 바로 토론이 실전 인터뷰로 이어지는 것입니다.

지인을 통해서 수소문 끝에 원주에 있는 전투비행단의 김명각 대위를 만날 수 있었습니다. 아이들은 파일럿이라는 직업에 대해 궁금증을 가졌고, 토론을 통해 인터뷰 질문까지 정리했습니다.

전투비행단 김명각 대위와의 직업 인터뷰

다음은 학생들이 전투기 조종사와 직접 만나서 인터뷰한 내용입니다.

Q. 전투기 조종사가 되려면 어떤 능력이 필요한가요?
A. 제 생각에는 전투기가 너무 빨라서 눈 깜짝할 사이에 벌써 움직이거든요, 그래서 아주 빠른 판단력이 중요한 것 같고 운동신경도 필요하다고 생각해요.

Q. 처음으로 비행을 했을 때 기분이 어떠셨나요?
A. 제가 중학교 때부터 조종사가 꿈이었기에 비행을 시작할 때는 엄청 떨렸어요. 하지만, 막상 하늘 위로 올라오니 기분이 매우 좋았고 아래가 어떻게 보이는지도 궁금했지요.

Q. 전투기 조종사는 시력이 좋아야 하는데 만약 중도에 걸려 시력이 갑자기 나빠지면 어떻게 합니까?

A. 신체검사에서 그냥 떨어지죠. 렌즈도 끼면 안 돼요.

Q. 혹시 롤모델이 있나요?

A. 딱히 없는데 제가 축구를 좋아하거든요, 그래서 박지성을 좋아해요. 한국인이 유명한 팀에 들어갈 확률이 별로 없는데 유명한 팀에 들어가서도 많이 연습해서 잘하는 선수가 되었다는 것이 인상적이죠.

Q. 군대 생활을 하면서 힘들었던 점은 무엇인가요?

A. 저도 힘들지만 가족이 더 힘든 것 같아요. 주말에는 가족들이랑 놀기도 해야 하는데 순찰을 해야 해서 쉴 수 있는 시간이 별로 없어요.

Q. 미국의 우리나라 사드(THAAD) 배치에 대한 의견은 어떠신가요?

A. 저는 군인들은 자신의 의견을 표출하지 않고 정치적인 중립을 지켜야 한다고 생각해요.

Q. 제가 생각할 때는 전투기 조종사가 위험해 보이는 데 정말 위험한가요?

A. 여러분이 오늘 이곳으로 올 때 자동차는 아마 시속 100km 내외의 속력으로 왔을 거예요. 하지만 전투기는 기본 시속이 700~800km나 되어서 정말 빠르고, 적과 가깝게 다닐 수도 있어서 매우 위험하답니다.

Q. 비행 훈련을 하면 장점과 단점이 무엇인가요?

A. 매일 하면 자신감이 생깁니다. 반면, 비행 준비를 해야 해서 가족들과 함께 시간을 못 보내요.

Q. 전투기의 가장 큰 매력은 무엇인가요?

A. 빠른 속도로 갈 수 있고 마음대로 갈 수 있는 것이 매력이죠. 저는 마음대로 어디든 갈 수 있다는 생각에 전투기를 꼭 타고 싶다고 어릴 때부터 생각했습니다.

Q. 앞으로의 계획은 무엇인가요?

A. 당장은 2기 리더 시험을 통과하는 것입니다. 2대의 비행기를 거느리는 2기 리더 시험이 있기 때문입니다.

Q. 마지막으로 오늘 인터뷰 소감은 어떠셨나요?

A. 처음 인터뷰를 해 보아서 떨리기도 했지만, 여러분과의 만남을 통해 제 직업에 대해서 다시 한번 생각해보는 기회가 되었습니다.

인터뷰로 이어진 토론 수업은 삶의 현장으로 책이 확장됩니다. 인터뷰를 통해 아이들은 생생한 '사람 책'을 읽게 됩니다. 인터뷰를 진행하는 절차를 살펴보면서 직접 실천해 보면 어떨까요.

10-2
책 속의 주인공에게
가상 인터뷰

한 명은 인터뷰어(질문하는 사람) 또 다른 한 명은 책 속의 주인공 (혹은 등장인물)이 되어 보는 것입니다. 이 과정을 통해서 새롭고 독창적인 질문을 던지는 방법을 훈련하게 됩니다. 또한 질문에 대답하는 사람은 내가 아닌 책 속의 인물이 되어 보는 과정을 통해서 자연스럽게 감정이입을 하게 되겠죠. 책 속의 인물이 느끼는 감정, 상황에 대한 이해, 나라면 어떻게 할까 등의 생각을 자연스럽게 하게 됩니다.

2인 토론 : 책 속 인물이 되어서 서로 인터뷰하는 방법

- 한 명은 기자가 되고, 다른 한 명은 책 속의 인물 (주인공 혹은 주변인물 등)이 되도록 역할을 정한다.

- 기자 역할을 하는 학생은 인터뷰할 질문을 먼저 정리하도록 한다.
- 인터뷰 할 때는 시간을 정해 놓고 하도록 한다. 너무 오랫동안 시간을 끌지 않도록 10분 내로 끝낼 수 있도록 조절한다.
- 한 명이 인터뷰를 마친 후에는 배역을 바꾸어서 인터뷰를 서로 한다.
- 질문에 답하는 내용을 메모해가면서 듣는다.
- 인터뷰를 마친 후 글로 정리하여 기사문 형식으로 써본다.

다음 내용은 『아낌없이 주는 나무』를 읽은 후 2명의 아이들이 서로 역할을 정하여 인터뷰를 한 내용입니다.

하연(기자) : 아낌없이 주는 나무 당신은 나이가 몇 살이나 되었습니까?

지민(나무) : 나이를 정확하게 모르겠습니다. 소년의 나이랑 비슷하다고 생각이 됩니다. 할아버지가 된 소년이 지금 70살 정도 되었으니 아마도 제가 몇 년 더 나이 먹지 않았을까요?

하연(기자) : 어릴 때 소년과 어떤 놀이를 하고 놀았던 기억이 납니까?

지민(나무) : 소년은 제 등을 타오르기도 하고, 나뭇잎을 따서 숫자 놀이도 하고, 소꿉놀이도 하였습니다. 소년과 이야기하면 늘 즐거웠죠. 어릴 때 소년에게 전 놀이터였어요.

하연(기자) : 소년의 마음이 변했다고 생각한 건 언제부터죠?

지민(나무) : 소년이 서서히 커 가면서 어른이 되면서, 그리고 다른 친구들과 여자친구가 생기면서부터인 것 같아요. 저 말고 놀 수 있는 친구들이 많아지면서 자연히 같이 있는 시간이 줄었죠. 그래도 가끔 소년이 외롭거나 힘들 땐

제 곁에 와서 나무 그늘에서 쉬곤 했어요. 그럴 땐 조용히 소년을 위로해주었어요.

하연(기자) : 소년에게 화가 날 땐 없었나요?

지민(나무) : 나뭇가지를 베어가고, 나무 열매를 다 따가고, 나무 기둥까지 다 베어갈 때 소년에게 조금 서운한 마음도 있었어요. 내가 너무나도 하찮게 여겨지기도 하고, 소년에게 지금껏 어떤 존재였는가 하는 생각도 했죠. 그렇지만 내가 화를 낸다고 해도 소년이 어린 시절처럼 저와 놀아주지는 않겠죠. 소년이 나이 들면서 해야 할 일이 있듯이 저도 나무로서 해야 할 역할이 있죠. 누군가 가지가 필요하다면 주어야 하고, 열매가 필요하다면 나눠주는 것이 나무의 역할인 것 같아요.

하연(기자) : 소년에게 나무 당신의 모든 것을 나누어 줄 때 기뻤나요?

지민(나무) : 처음에는 매우 기뻤습니다. 내가 할 수 있는 것이 있다는 사실이... 그리고 소년을 도울 수 있다는 것이. 하지만 소년도 저를 조금은 생각해 줄 줄 알았는데 가게 아니어서 슬프기도 했어요. 소년이 돌아올 날만을 기다렸는데, 노인이 되어서야 돌아왔죠.

하연(기자) : 노인이 되어 아무 힘이 없이 돌아온 소년을 보니 어땠나요?

지민(나무) : 안쓰럽기도 하고, 아픈 모습이 불쌍했죠. 건강하고 씩씩했던 젊은 날이 다 없어지고, 그렇게 꼬부랑 할아버지가 될 줄 몰랐거든요. 예전처럼 나무를 타고 놀 수 있는 힘도 없었죠. 인간은 늙어 죽어야 한다는 것이 안 좋은 것 같아요.

하연(기자) : 나무는 늙어 죽지 않나요?

지민(나무) : 물론 나이가 들어서 죽는 나무들도 있지만, 인간들처럼 눈에 띄게 늘는 모습이 보이진 않아요. 그리고 저처럼 가지가 잘려져서 죽을 수도 있죠. 밑동만 남겨진 채. 그래도 나무는 몸뚱아리가 다 잘려도 쓸모가 있는데, 인간은 죽을 수밖에 없죠.

하연(기자) : 오늘 저와 인터뷰를 하시니깐 어땠나요?

지민(나무) : 그래도 소년이 늙어서라도 절 찾아와주어서 고마운 생각이 드네요. 원망한 적도 있지만, 서로 늙어가는 처지에 그냥 위로해주어야죠. 소년이 노인이 된 것이 안쓰러워요. 이젠 힘도 없고, 매일 내 밑동에 와서 그냥 쉬어만 가도 좋겠어요. 언제 죽을지 모르니… 어린아이였던 소년의 모습을 기억하는 것은 나무인 저밖에 없을 거예요. 이미 소년의 엄마, 아빠, 모든 가족까지 세상을 떠났으니……. 소년이 마지막까지 행복할 수 있도록 함께 있는 것이 내가 해야 할 일인 것 같아요.

하연(기자) : 오늘 인터뷰 매우 감사합니다. 나무의 희생과 사랑이 소년을 끝까지 행복하게 해 준 것 같네요.

책 속 인물이 되어서 인터뷰를 할 때 서로 역할을 바꾸어서 해 보는 것도 좋습니다. 아니면 다른 인물을 선정하여 인터뷰 해 보는 거죠. 그리고 인터뷰 할 때는 메모를 해 가면서 대답한 것을 적을 수 있도록 합니다.

인터뷰의 절차

- 대상 찾기 : 평소 만나고 싶었거나 궁금한 대상을 찾아봅니다. 주변에서 쉽게 만날 수 있는 사람도 좋습니다.

- 자료조사 : 대상을 골랐다면 그에 대해 자료를 찾습니다. 인터넷, 책, 영상 등으로 상대와 관련한 자료를 대상에 대한 공부를 합니다.

- 섭외하기 : 지인을 통한 방법, 직접 찾아가는 방법, 책이나 이메일, SNS 계정을 통해 부탁하는 방법 등 다양합니다.

- 질문거리 찾기 : 가벼운 질문부터 무거운 질문까지, 과거부터 현재와 미래를 아우르는 질문, 개인적인 질문이나 사회적인 질문 등 두루 섭렵합니다. 카드에 질문을 미리 적어보면 질문 순서를 정하기 편리합니다.

- 질문 순서 정하기 : 질문을 통해 인터뷰의 전체 줄거리를 먼저 정해봅니다. 인터뷰도 스토리텔링 과정이기 때문에 인터뷰어 자신이 흐름을 이끌어가야 합니다.

- 녹취나 메모 : 인터뷰할 때 녹음기는 필수입니다. 스마트폰 녹음기를 활용해도 좋습니다. 대화를 처음부터 끝까지 메모하기 힘들기 때문에, 인상 깊은 구절이나 단어 위주로 메모합니다.

- 인터뷰가 끝난 후 소감을 함께 나누고 기사 형태의 글을 써서 정리합니다.

6장

토론을
마친 후에

모리모토는 일본 히로시마에서 일찍부터 요리사로 명성을 날린 사람입니다. 그런 그가 1985년 홀연히 미국으로 건너가 요리로 세계를 제패한다는 야망을 품고 뉴욕의 고급 레스토랑에서 접시 닦기부터 다시 시작했습니다. 그는 서양 요리와 동양 요리를 적절한 맛의 배합으로 자기만의 스타일로 발전시켰습니다. 모리모토는 요리사가 아닌 '요리예술가'를 창시한 사람이기도 합니다. 그는 하나의 철학을 발전시키는 예술가가 되었습니다. 모리모토는 요리에 대해서 다음과 같이 말합니다.

"요리도 엔터테인먼트다. 진정한 요리예술가는 고객이 레스토랑에 들어오는 순간부터 요리를 고르고 즐기는 방법과 요리를 바라보고 먹는 과정까지 하나의 틀을 만들어 주는 사람이다. 그런 의미에서 요리사도 미술가나 영화감독과 비슷한 직업이다."

이런 생각에 따라 레스토랑의 이름, 인테리어, 요리, 분위기 등이 하나의 철학적 통일성을 가져야 한다고 생각했습니다. 그의 요리 철학은 바로 융합이라고 할 수 있습니다.

토론도 결국 융합적 사고의 과정입니다. 과정 중심의 배움을 통해 자기만의 철학을 만들어갑니다. 음악의 아버지로 불리는 바흐는 화성과 멜로디, 박자 등을 따로 분석하고 연구하면서도 음악이라는 전체의 감각을 잃지 않았습니다. 세상 이치를 깨닫고 자신의 것으로 만들어 자기만의 철학을 완성한 사람은 리더가 됩니다. 사회를 이끌뿐 아니라 자기 인생의 주인공, 주체로서의 삶을 완성해 갑니다.

토론을 통한 배움이 자신의 삶으로 이어지기 위해서는 이후의 과정도 필요합니다. 토론이 새로운 가능성으로 확장되는 기회를 열어 두어야 합니다.

1

토론 후
후기글 쓰기

『만복이네 떡집』을 쓴 김리리 동화작가는 고등학교 시절 가정 형편 때문에 대학을 갈 수 없었고, 꿈을 꿀 수 없는 현실에 매일 울면서 힘들었다고 해요. 어느 날 '내 미래의 모습을 단 1초만 봤으면 좋겠다'는 상상을 하고, 꿈꿨던 미래의 모습을 일기장에 마음 가는 대로 적었다고 합니다. 누가 가르쳐준 것도 아닌데 미래일기를 마음껏 쓰면서 현실의 욕구를 해소했다는 이야기를 들려주셨습니다.

"나는 마흔 살이 되었다. 나는 작가가 되었다."라는 첫 문장으로 제멋대로 쓴 일기 같은 글은 수십 년 후 모두 현실이 되었습니다. 심지어 당시 친했던 친구에 대해서도 "OOO가 디자이너가 되어 외국에서 패션쇼를 했다"고 썼대요. 그런데 자신뿐 아니라 친구의 꿈도 그대로 이루어지고 그 일기장을 지금도 갖고 있다고 말하였습니다. 자신도 잊고 있었던 과거의 일을 알게 된 건 작가의 어머니가 지하실을 청소하다가 김리리 작가의 고등학생 시절 일기장을 발견했기 때문이라고 해요. 미래의 일을 현재처럼 적은 글이 바로 '미래일기' 입니다.

글의 힘은 사소하지만 위대합니다. 토론 후 작성하는 후기 및 일기 같은 글이 자신의 변화를 기록하는 계기가 됩니다. 유네스코 세계문화유산으로 등재된 '승정원일기'나 '조선왕조실록', '화성성역의궤'와 같은 기록물은 모두 세계적인 보물입니다. 과거의 기록이 현재를 만든다는 말이 있습니다. 토론하고 난 후 후기 형태의 글을 짧게라도 남긴다면 토론의 의미를 좀 더 오랫동안 남길 수 있겠죠.

① 토론 일기 쓰기

토론 후기를 쓸 때 다음과 같은 항목 중 한두 가지를 쓰면 됩니다.

- 오늘 가장 기억에 남는 말 한마디
- 토론하면서 내가 배운 점
- 토론하고 난 후 재미있었던 점
- 토론을 하고 난 후 반성하게 된 점
- 토론하고 난 후 내가 성장했다고 느낀 점
- 다음번 토론에 적용하고 싶은 것

개인적인 느낌과 소감을 작성할 때는 구체적인 정보와 함께 기록합니다. 토론한 날짜, 모인 장소, 토론한 책, 모인 학생 이름, 토론순서 등을 정리해두면 추후 토론 수업에 대해 상세히 기억할 수 있을 것입니다.

토론 일기의 예)
윤구병 선생님의 『당산할매』를 읽고 쓴 토론 일기입니다. 형식에 구애받지 않고, 토론에서 있었던 일, 느낀 점, 실천할 점 등을 잘 정리했습니다.

토론 선생님과 『당산할매』를 읽고 토론했다. 『당산할매』를 혼자 읽었을 때는 정말 재미없었다. 윤구병 선생님이 처음으로 변산공동체를 만들 일을 쓴 책이라고 한다. 이번 토론에서 제일 기억나는 점은 아파트에 비싼 나무를 심어 놓는 것이 좋은 일인가, 나쁜 일인가에 대해 찬반토론한 부분이다. 선생님이 보여준 신문 기사에서는 아파트에 비싼 나무를 심어 놓아서 아파트값이 올라간 내용이 있었다. 비싼 아파트니까 비싼 나무를 심었다. 그러나 나무가 도심에 적응하지 못하고 점점 병들게 되었다. 사람들을 위해서 한 일인데, 나무에게는 힘들고 아픈 일이 되어버렸다. 이런 문제에 대해 어떤 아이들은 아파트값을 높이기 위해 나무를 심어야 한다고 말했고, 나는 환경문제나 나무 보호를 위해서는 하지 말아야 한다고 했다. 왜 아파트를 보기 좋게 한다고 시골에서 잘 살던 나무를 옮겨와 죽게 하는지 모르겠다. 찬반토론을 하면서 우리 편이 우세했다. 도시에 사는 애들은 다른 생각을 말할까?

이번 토론을 하면서 말할 때 정리해서 말하는 습관을 가져야겠다고 생각했다. 머릿속으로는 알 것 같은데 막상 말을 하면 잘 안 되었다. 선생님이 말씀하신 것처럼 메모를 하는 것도 좋을 것 같다. 『당산할매』가 정말 재미없는 책인 줄 알았는데, 토론하면서 읽으니 재미가 느껴졌다. 토론은 재미없는 책도 재밌게 만드는 마술 같은 힘이 있나 보다. 어떤 책이든 즐겁게 읽을 수 있도록 만드는 토론에 점점 빠져드는 것 같다.

② 마인드맵 모둠일지

토론 일기를 쓸 때 모둠으로 함께 완성하는 방식도 있습니다. 마인드맵 형태로 모둠일지를 써 보는 거예요. 가운데 원에 책 제목을 적어 놓고, 방사형의 마인드맵을 그립니다. 가지 하나에 한 명씩 생각, 느낌, 소감 등을 간단히 적습니다. 문장으로 적어도 되고, 단어로 적어도 됩니다. 글씨 쓰는 것이 싫다면 그림으로 표현을 해도 되겠죠. 전체 토론 참여자의 모둠 마인드맵이 완성됩니다.

마인드맵을 사과나무 같은 형태로 만들어 그림을 그리면 한눈에 보기 쉽고, 예쁜 결과물을 만들 수 있습니다. 사과 모양으로 종이를 오려 아이들에게 나눠 주고 오늘 토론에 대해 느낀 점, 배운 점, 생각한 점 등의 내용을 쓰게 합니다. 사과나무에 한 명씩 붙이면 됩니다. 다 함께 사과 한 그루를 만들었다는 뿌듯함과 함께 전시효과도 있습니다.

③ 토론 선생님이 쓰는 후기

글쓰기가 서툰 저학년인 경우 선생님이 전체 후기를 정리하여 글로 남겨주는 것도 한 가지 방법입니다. 우선 아이들이 토론 소감을 한마디씩 말합니다. 아이들의 말을 모아 선생님이 간단한 글로 정리할 수 있습니다.

『축구선수월리』를 읽고 토론한 아이들이 말했던 소감입니다.

"오늘 토론에서 특히 주인공 월 리가 자신감을 갖게 된 것이 생각나요"
"나도 꿈속에서 누군가 나타나서 선물을 주면 좋겠어요"
"나에게도 마법과 같은 힘이 생기면 좋겠어요"
"아무리 힘센 누군가가 나를 놀려도 엄마, 아빠처럼 내 편인 사람들이 있으면 든든해요"
"앤서니 브라운 작가님의 책은 다 재밌어요"
"다음번에는 『미술관에 간 월리』 책을 토론해봐요"
"고릴라와 원숭이만으로 그림을 그린 작가 아저씨가 대단해요"

이렇게 한 마디씩 발언한 아이들의 말을 선생님이 문장 형태로 정리하면 됩니다. 부모님께 보내는 학부모 통신문이나 추후 문집 형태의 글로 엮어도 좋습니다.

아이들은 『축구선수월리』를 통해 자기 안의 무한한 힘을 느끼지 않을까. 작고 보잘것없던 '월리'가 놀라운 실력으로 축구를 하게 된 것처럼 말이다. 월리에게는 꿈속에서 지켜보던 아빠 같은 사람이 있었다. 꿈속에서 받은 낡은 축구화 한 켤레로 월리는 멋진 축구경기를 펼쳤다. 꿈속에서 내게 힘을 주는 누군가를 만나면 얼마나 좋을까 생각해본 시간이다. 우리 아이들이 엄마, 아빠, 선생님 등 자신의 편에서 지원군이 있다는 사실을 잊지 않으면 좋겠다. 앤서니 브라운 작가의 책은 1학년에게 딱 맞는 그림책이다. 다음번에도 앤서니 브라운 작가의 책을 토론하자고 한다. 그림책 토론으로 상상력이 확장되고, 생각해보지 않았던 세상을 꿈꾸는 힘이 생길 것이다.

2
필사와
생각 쓰기

다산 정약용의 제자 중 가장 아낀 단 한 사람이 있습니다. 다산이 강진 18년 유배 기간 동안 한결같이 스승을 섬긴 제자 황상입니다. 정약용이 강진으로 귀양을 갔을 때 유배 생활 1년 만에 서당을 열었는데 그때 찾아온 이가 열다섯 살 황상이었습니다. 이후 60년간 스승의 가르침을 따랐습니다. 크게 이룬 것은 없었지만 스승의 말씀을 따라 부끄러움 없이 실천하며 살았던 인물입니다.

정약용이 황상에게 가르친 공부법은 '초서'입니다. 옛 선인들의 좋은 글을 베끼고 또 베끼면서 자신의 것으로 만드는 것입니다.

"독서에는 세 가지가 있는데 입으로 읽고 눈으로 읽고 손으로 읽는 독서다. 그중 가장 중요한 것이 손으로 읽는 독서 초서다."라고 했습니다. 자신이 뽑은 책의 문장을 필사하고 거기에 덧붙여 자기 생각, 견해, 의미 등을 덧붙이는 것입니다.

독서토론이 끝나고 난 후 책에서 뽑은 한 문장을 적고 + 자기 생각을 덧붙이는 필사 훈련을 해보세요. 토론했던 질문을 적어두거나 한 줄 평을 해도 됩니다. 어떤 식으로든 기록을 남기는 게 목적입니다.

책 구절 필사	생각 쓰기
우리는 눈이 머는 순간 이미 눈이 멀어 있었소. 두려움 때문에 눈이 먼 거지, 그리고 두려움 때문에 우리는 계속 눈이 멀어 있을 것이고. 『눈먼자들의 도시』 (P.185, 해냄)	눈이 갑자기 보이지 않는다고 생각하면? 나 혼자가 아닌 세상 모든 사람들이 눈이 멀어 버리면 어떻게 될까. 무섭고, 두렵고, 살아갈 희망이 생기지 않을 것 같다. 토론을 하면서 내가 가장 두려워하는 것이 무엇인가를 생각해 봤다.
바틀비는 처음에는 놀라운 분량을 필사했다. 마치 오랫동안 필사에 굶주린 것처럼 문서로 실컷 배를 채우는 듯했다. 소화하기 위해 잠시 멈추는 법도 없었다. 낮에는 햇빛아래, 밤에는 촛불을 밝히고 계속 필사했다. 그가 쾌활한 모습으로 열심히 일했다면 나는 그의 근면함에 매우 기뻐했을 것이다. 하지만 그는 묵묵히 창백하게, 기계적으로 필사했다. 『필경사바틀비』 (P.27, 문학동네)	무언가 기계적이고 반복적으로 하는 일은 계속하게 되면 어떻게 될까? 필경사 바틀비는 밤낮없이 필사만 계속하다가 어느 날 아무 것도 하지 않는 것을 선택하고 죽었다. 판에 박힌 일, 변화가 없는 하루 하루 속에서 바틀비처럼 우리는 사는 게 아닐까. 뭔가 재밌고 신나는 일을 벌이는 건 인간답게 사는 중요한 의미같다.
"마지막으로 힘을 냅시다. 지금까지 여러분의 마음이 제일 두근거렸을 때가 상자 속을 보기 전과 상자 속의 물건이 무엇인지 알았을 때였죠? 자, 여러분의 글 마지막 부분에 그 때의 느낌을 그대로 적어보세요." 『나는 선생님이 좋아요』 (P.248, 양철북)	두근거리는 느낌을 글로 적는다는 것, 솔직한 내 마음을 쓰는 것이 좋은 글이다. 남을 따라하는 글보다 내 마음을 표현하는 것이 좋은 글이다. '나는 선생님이 좋아요'의 고다니 선생님은 아이들 한 명 한 명의 마음을 표현해주는 사람이었다. 나를 있는 그대로 인정해주는 단 한 명의 사람이었다.

강상현·강수혁·김명현·강지민·강지연·김가람

시간을 되돌리는 자

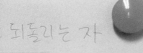

옛날, 시간을 되돌릴 수 있는 능력자 지민이는 지구가 멸망할 것을 예측하고 있었어요.
하지만 능력은 단 한번만의 쓰게 된다는 단점이 있었요. 그래서 하나뿐인 능력을 빨리 쓰지 말자는
지민이의 자아와 그래도 지구를 살려야한다는 자아 사이에서 갈등을 겪었어요.
결국 지민이는 지구에 대해 공부를 해서 초능력을 쓰지 않고 지구를 살리기로 마음을
먹었어요. 하지만 지민이의 공부에는 한계가 있었어요. 결국 지구는 멸망하고
지민이의 동생도 쓸쓸한 죽음을 맞이했어요. 지민이는 시간을 되돌리기로 마음을
먹고 시간을 되돌려 동생과 지구를 살렸어요. 덕분에 우리는 지금의 지구에서
행복하게 살고있는 것이잖니다.

3
정기적인
수업 피드백

피드백은 스스로를 돌아보는 활동입니다. 점검과 평가라고도 할 수 있죠. 토론 수업은 점수를 매길 수 없는 과정 중심적인 배움이지만 학생 및 선생님이 피드백을 통해서 그동안 배운 것들을 환기할 수 있습니다. 한 학기 정도 분량의 토론 수업을 마치고 난 후 (10회 이상) 다음과 같은 피드백을 할 수 있습니다.

- 이번 학기(올해의) 토론 책 베스트 3권은?
- 가장 기억에 남는 토론 시간을 선정해보기
- 토론 수업을 통해 내가 향상되었거나 나아진 부분이 있다면?
- 토론 책 중 기억 남는 작가는?
- 우리 반의 토론 MVP는 누구?

모든 학습은 반복을 통해 기억으로 저장됩니다. 미켈란젤로는 "완벽은 사소한 것에서 온다. 하지만 완벽 그 자체는 사소한 것이 아니다."라고 했습니다. 피드백은 사소한 일이 아닙니다. 더 큰 창조를 위한 재점검의 시간입니다. 학생뿐 아니라 토론을 지도하는 선생님도 자기에 대한 피드백이 필요합니다. 스스로 수업에 대한 점검 없이 비슷한 패턴으로 토론을 지도하게 된다면 매너리즘에 빠지게 되고 곧 정체됩니다. 토론 수업 피드백으로 자신을 돌아보도록 합시다.

- 스스로 만족했던 수업은 언제였나요?
- 가장 인상적인 토론책은 무엇이었나요? 3권 정도 선정해보기, 그 이유는?
- 수업에 대해서 아쉬운 점이 있다면?
- 만족스럽지 못한 부분을 개선할 방안은?
- 가장 변화를 많이 보인 학생은 누구인가요?
- 가장 더디게 변화를 보인 학생은 누구인가요?
- 토론 책 선정에 있어서 편중된 것은 없었나요?
- 토론 수업에 대한 만족도를 점수로 매겨본다면?

이러한 질문들에 대해 스스로 묻고 답하는 것입니다. 자신의 수업에 대해 평가하고 점검할 때 토론을 지도하는 선생님 자신도 성장하게 됩니다. 어떻게 하면 좀 더 능동적이고 창조적인 토론 활동이 가능한지 파악해나가도록 하세요. 리더는 끊임없이 배우는 사람입니다. 자신의 방법이 부족하다고 느끼면 새로운 방식을 시도해보는 것도 필요하겠죠. 학생들과 서로 소통하며 나아갈 방향을 찾는 토론 선생님이 될 때 아이들의 마음을 더 잘 이해할 수 있습니다.

4
자발적인
책모임 만들기

여러 형태의 책 토론모임을 만들고 운영하면서 독서모임으로 변화된 나 자신의 모습을 발견합니다. 중등칠보산자유학교 학부모, 학생 10여 명이 독서모임을 한 경험이 있습니다. 처음에는 부모들이 만든 독서모임이었으나 나중에는 아이들도 적극적으로 참여하며 토론의 재미를 느끼게 되었습니다. 수원중등칠보산자유학교를 1년간 다녔던 제 아이는 학교생활 중 기억나는 활동이 '독서토론'이었다고 합니다. 사실 학교 커리큘럼이 아닌 학교 밖에서 책으로 만났던 모임인데 말이죠. 역시 아이들은 시스템 밖에서의 자유롭고 허용적인 분위기 속에서 많은 것들을 느끼고 배우나 봅니다.

독서토론을 하면서 아이들 한 명 한 명씩 존재에 대한 관심을 두고, 성찰해나가면서 내면의 깊이가 조금씩 성장한 시간이었습니다. 질문과 답을 나누는 친구가 있고, 내 이야기에 귀 기울여주는 좋은 어른들이 곁에 있다는 것을 알게 되는 것. 든든한 삶의 응원 같은 시간이겠죠.

어떤 체계적인 매뉴얼이나 형식에 얽매이는 토론이 아닌 자발적인 책 모임이라는 점에서 자유로운 분위기가 좋았습니다. 책 읽기를 힘들어하는 아이들도 책 모임을 하기 위해 선정한 책은 끝까지 읽어오는 책임감도 엿보였습니다. 맹목적인 공부가 아닌 격려와 허용이 이뤄지는 책 모임을 통해 배움의 기쁨도 얻게 되었습니다. 다른 사람들의 이야기에 귀 기울이는 따뜻한 만남이 이뤄졌습니다.

책 모임을 하는 방식이나 토론 방법은 모둠 구성원들과 협의하여 정하면 됩니다. 무엇보다 중요한 것은 책을 통한 만남이니까요. 중학생 책 모임에서는 문학+비문학+그림책 등 다양한 책을 선정했습니다. 학생들이 정하기도 하고, 부모들이 추천 도서 리스트를 만들기도 했습니다. 격주로 모임을 하고, 책읽은 후 질문을 한 가지씩 선정하여 미리 카톡방에 공유했습니다. 최종적인 질문을 모아 토론 발제문을 만들었습니다. 토론 장소는 학교 교실, 집, 동네 카페, 도서관 등 바뀌었습니다.

2018년 12월 책모임으로 진행했던 토론책은 알퐁스도데의 『스갱할아버지의 염소』(알퐁스도데, 북비그림책)입니다. 다음은 책 모임에서 나눴던 토론 논제 및 토론 내용입니다.

1. 별점과 소감을 말해주세요.

원지모 : 별점 4점, 별로 슬프지는 않았다. 키우던 고양이 연탄이가 생각났다.

현수모 : 별점 3점, 졸면서 읽었다.

재민모 : 4.5점, 뒷부분에 충격적이었다고 이야기해서... 읽으면서 충격적이었다!

대선 : 별점 3점, 크게 감동은 없었지만 교훈이라고 하면 '집 나가면 고생이다'라는 거 아닌가. 빨간 망토도 엄마 말 안 들으면 이렇게 된다는 것? 애들 말 잘 듣게 하려고 만든 책인데. 크게 심오한 의미는 없는 것 같다.

원지 : 별점 4점, 동화형식인데 동화같이 않았다. 동화는 고난과 역경 견디고 이긴 후 행복해지는데. 염소가 행복한지 안 행복한지는 염소만 알 수 있다.

재민 : 별점 5점, 책을 잘 안 읽는데 너무 빨리 읽어서 재밌었다.

재혁 : 별점 4.5점, 동물들이 나오는 이야기라서 좋았다.

현수 : 4점, 동화라서 짧으니까 읽기 좋았다. 염소가 죽는데, 나가지 말고 집에 있는 게 편할 것 같은데… 왜 나갔을까. 왜 스갱아저씨가 불렀을 때 안 간 것도 이상하다. 나 같으면 갈 것 같다. 염소는 멍청한 거 같다.

재혁모 : 3점, 교훈이 들어 있는 책이라서 그런지 생각의 한계를 주는 듯했다. 그래도 부모의 관점에서 자녀교육을 생각해 볼 수 있는 책이었다.

대선 모 : 4점, 염소가 죽을 줄 몰랐다. 결국 주인공이 죽어서 멍했다. 죽는 과정도 맞서서 싸우는 게 충격이었다.

2. 기억에 남았던 장면과 그 이유는?

현수모 : 애들이 읽으면 안 되는 책 같다? 지나친 자유가 오히려 독이 될 수 있지 않나.

대선모 : "늑대와 싸울 준비를 했어요. 스갱아저씨의 늙은 염소가 그랬던 것처럼… 버틸 수 있는지 확인하고 싶었어요"라고 말한 것이 인상적이다. 끝까지 싸우는 이야기, 도망갈 수도 있었지만 맞서는 용기 등이 와 닿았다.

재민모 : 자유에 대해서 갈망하는 절실한 마음이 무엇일까를 고민해보았다. 과연 진짜 자유가 뭘까 생각해보기도 했다. 나는 자유로운 사람일까, 과연?

원지 : 차라리 도망가지 않고 편안하게 사는 게 좋은 것 아닌가. 잡아먹힐 수

도 있다는데 꼭 위험한 일을 벌였다. 어떤 삶이 더 좋은지 잘 모르겠다.

원지 모 : "저는요, 그저 산에 살고 싶을 뿐이에요! 저곳이 궁금했을 뿐"이라는 내용이 인상적이다. 뭔가 삶에는 복잡한 이유가 없을 수도 있다는 것 아닐까.

3. 자유를 찾은 이후 죽게 되었지만 블랑케트는 진정 행복했을까요?

원지 : 블랑케트는 행복했을 것 같다. 그 이유는 블랑케트가 '자유'를 원했기 때문이다. 들판에서 뛰어노는 것, 자유로 인해서 죽었기 때문에 자신이 원하는 것을 달성한 것이다. 늑대에게 잡아먹혔지만 잠깐이나마 행복했을 것이다.

재혁 : 나는 안 죽어 봐서 모르겠다! 불행했을 것 같다. 농장에서 나와 자유를 찾았으나, 늑대와 싸운 것은 어리석은 것 같다. 지혜롭게 숨었으면 더 잘 살았을 것 같은데. 자유에 도취해 있었던 것 같다.

현수 : 죽는 것이 인생의 목표는 아니다. 싸우면서 힘들었기에. 자유를 만끽하고 싶었기 때문에 최종 목표는 죽음이 아니었다.

재민 모 : 숲속에서 인기도 독차지하고, 자연에서 뛰어노는 광경 등. 짧지만 그 순간에는 행복했을 것 같다. 그렇지만 싸우는 순간에는 만감이 교차했을 것 같다. 받아들이지 않았을까.

재혁 모 : 자유롭게 자라고 풀을 먹고 자라는 염소와 사육당하는 염소 둘 중 어떤 삶이 더 행복한 걸까 판단하기 쉽지 않다. 분명한 것은 세상을 변화시키는 1퍼센트의 사람들은 모두 자유를 갈망했던 사람들이다.

대선 : 행복했을 것 같다. 자신이 이루고자 하는 목표를 이루었으니까.

4. 블랑케트는 자유를 찾기 위해 풍족하고 안락한 스갱아저씨의 농장을 떠납니다. 진정한 자유란 무엇일까요?

재혁모 : 가만히 있으면 얻어지지 않는다. 자유는 쟁취하는 것이다. 자신이 투쟁하여 얻는 것.

재혁 : 누군가가 시키는 게 아니라 스스로 하는 것이다. 갇히는 것이 아니라 행동이 자유로운 것이다. 몽골 여행 갔을 때 초원에서 뛰어노는 양이나 염소 보면서 자유로워보였다. 하고 싶은 것을 마음대로 하기 때문이다.

현수 : 노는 게 자유다.

재민모 : 자유는 용기가 필요한 것 같다. 자유에는 책임이 따른다. 자유롭게 하기 위해서는 용기를 내어야 할 필요가 있다. 용기 있는 행동!

재민 : 아직 잘 모르겠다.

원지 : 우리 학교의 철학이 자유, 생명, 평화인데, 본질의 발현이 진정한 자유 라고 생각한다. 나의 모습을 찾아서 내 모습대로 사는 것이다.

대선 : 인간은 사회 속에서 완전히 자유로울 수는 없다. 살아생전에 완전히 자유를 얻는 것은 불가능하다. 자기 생각하기 나름이다.

현수모 : 어린아이일 때는 자유로운 것 같다. 하지만 서서히 자라가면서 자 유는 억압당한다. 죽을 때까지 자유를 찾기 힘든 것 같다. 뭔가 내 마음대로 선택하면서 살아본 적이 없다. 내가 진짜 내 마음대로 살아보고 싶다. 하고 싶은 대로 살고 싶은데, 그러면 시골에서 농사짓고 자유롭게 사는 것인가?

돈으로부터 자유로운 것인가? 나중에는 스스로 선택한 것인데도 속박이 될 것 같다.

원지모 : 누군가에 의해서 움직이는 게 아니라, 스스로 판단과 결정하는 것이 자유다.

대선모 ; 사회적인 눈치, 미디어나 광고, 교육, 주입된 것들이 많다. '마땅히 이렇게 살아야 해'라는 생각으로 알게 모르게 통제당한다. 나는 자유롭다고, 의지대로 산다고 하지만 사실 그렇지 못하는 경우가 많다. 내가 진짜 자유롭게 살려고 한다면? 생각을 계속해야 한다. '내가 하는 선택이 진짜 나의 선택인가?'라는 생각 말이다. '다른 사람들의 판단, 의식을 하지 않고 내가 하고 싶어서 하는 일인가?'를 고민하며 살아야겠다. 대학에 처음 들어갔을 때 주체할 수 없는 자유롭던 시간 때문에 무기력했다. 자유가 주어졌지만 막상 어떻게 써야 할지 몰랐다. 아무도 나에게 자유가 뭔지 알려주지 않았다. 자신도 자유로운 삶을 크게 고민해보지 않았다.

5. 만약 동물을 키운다면 어떻게 키우겠습니까?

재혁모 : 절대 키우지 않겠다. 인간의 집에 갇혀 사는 것 자체가 자유가 아니기 때문에.

재혁 : 비행기에 태워서라도 같이 다니겠다. 성실하고 착실하게 잘 키우겠다.

현수 : 동물을 키워본적 있다. 햄스터를 통에 넣어 키웠는데, 하나도 안 힘들었다. 잘 키울 수 있을 것 같다.

재민모 : 이미 태어나서 인간의 집에 왔기 때문에 진정한 자유를 모를 것이

다. 강아지를 집에서 키우게 되면? 산책을 자주 해 줄 것이다. 오히려 강아지가 나를 구속하는 것 같다.

재민 : 내 가족처럼 키우면 된다.

원지 : 고양이는 안에 있는 것을 답답해하지 않는다.

대선 : 동물 안 키우고, 혼자 살 거다.

은새 : 강아지와 계속 놀아주고, 반겨주는 게 좋다.

현수모 : 동물키우는 게 서툴렀던 것 같다. 스갱 아저씨가 염소를 밖으로 데리고 나가 놀아주고, 마음껏 뛰어놀게 해주었으면 울타리 밖을 뛰쳐나가려고 하지 않았을 것 같다. 동물을 키우는 것은 자녀를 키우는 것과 비슷하다. 전문적인 지식도 필요하고, 상대에 대한 이해와 애정도 필요하다.

원지모 : 도심의 아파트에서는 키우기 힘든 것 같다. 시골집 마당이 생기면 동물들의 친구를 만들어주면서 키우고 싶다.

6. 오늘 토론 소감은?

재혁모 : 집에서 토론하니 편안하고 자유롭긴 하지만 다소 산만했다.

재혁 : 친구네 집에서 하니 자유로 왔다. 그리고 강아지가 있어서 책에 대한 이해가 잘 되었다.

현수 : 먹을 것 있고 좋았다. 토론할 때 짧은 이야기보다 소설 같은 긴 책으로 하면 좋겠다. 책 읽을 시간을 만들게 되니까 좋을 것 같다.

재민모 : 아이들 이야기 들으면서 배우게 되는 것 같다. 부모들도 솔직하게 성심성의껏 이야기해주니까 좋았다. 다음 모임에도 준비를 하여 진솔하게 이야

기하면 좋겠다.

재민 : 재밌었다.

원지 : 산만했다. 책이 짧아서 간단해서 좋았다.

대선 : 좀 더 긴 책을 읽고 싶었다. 할 이야기가 많은 책.

대선모 : 스갱아저씨에 대해서 이야기해보고 싶었고, 우리에게 있어서 가두고 있는 울타리는 무엇인가? 이런 얘기를 하고 싶었는데 약간 부족함이 든다. 남의 이야기 할 때 경청하고 공감하는 것이 더 중요하다.

그림책 토론
질문과 추천도서

　남산도서관에서 2019년 하반기 '그림책 사용설명서'라는 그림책 토론과정을 6주간 강의했습니다. 강좌가 끝난 이후 30명의 수강생이 카톡방에서 '그림책 토론 질문 만들기' 모임을 만들었고, 매월 그림책 1권을 깊이 있게 읽고 나만의 질문을 만드는 모임을 이어나갔습니다. 함께 질문을 만드는 모임을 이어나가는 것만으로도 책에 대한 깊이 있는 관심과 이해가 생겨납니다. 그림책 토론 질문은 함께 만든 질문 모음이라 할 수 있습니다. 그림책 토론 질문을 보며 토론 수업에 활용해보시기 바랍니다.

1) 구덩이

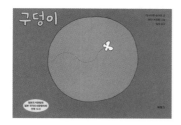

글 다니카와 순타로 / 그림 와다마코트 / 옮긴이 김숙 / 북뱅크

질문

- 나에게 구덩이는 어떤 것이 있을까요?
- 구멍을 파는게 시간낭비 의미없는 일 일까요?
- 구멍을 판다면 어떤 구멍을 파고 싶나요?
- 구멍을 판 아이는 무엇을 얻었을까요?
- 지켜보던 가족의 마음은 어땠을까요?
- 나라면 말없이 구덩이 파는 가족의 모습을 지켜 보실 수 있나요?
- 아무도 모르는 나만의 즐거움이나, 나만의 세계가 있다면 무엇인가요?
- 표면적으로 나타나야지 성공을 이룬 걸까요?
- 남들이 뭐라 해도 꼭 이루고 싶은 것은 무엇인가요?
- 힘들고 지칠 때도 구덩이를 계속 파게 하는 힘은 어디서 나온다고 생각하나요?
- 작가는 왜 애벌레를 등장시켰을까요?

- 지금 파고 계신 구덩이 어느 정도 판 것 같나요? 그 안에 계신가요? 아니면 다시 메꾸고 있나요?

- 여러분의 구덩이를 파기로 결심하기까지 얼마나 걸렸나요?

- 파지 않기로 한 구덩이는 무엇이 있었나요?

- 내가 힘들게 판 구덩이를 다른 사람도 경험할 수 있게 해주는 것은 나를 알릴 수 있는 좋은 기회가 될까요? 아니면 나만 누리는 즐거움이면 충분할까요?

- 구덩이를 어느 만큼 파야 완성된 것일까요?

- 친구에게 가족에게 구덩이 파는 히로의 모습은 어떻게 보였을까요?

- 내 가족 중 구덩이를 파고있는 사람이 있나요?

- 히로는 구덩이를 파는 동안 무얼 느꼈을까요?

- 히로의 아빠는 어떤 분이셨기에 지켜보고 격려만 한 걸까요? 히로의 아빠 어린시절은 어떠했을까요?

- 당신이 10대, 20대, 30대, 40대, 현재까지 만든 '구덩이'는 어떤것들이 있나요?

- 구덩이 대신 '나만의' 제목을 짓는다면?

- 구덩이 안에서 본 파란 하늘이 올라와서는 왜 다른 색으로 바뀌었을까요?

- 히로는 구덩이를 파며 어떤 기대를 한 걸까요?

- 히로가 구덩이를 파는데 유키도 파고 싶다는 말에 "안돼." 라고 합니다. 그 이유는 무엇일까요?

- 히로의 아빠는 "서두르지 마라. 서둘면 안 된다."라고 말합니다. 히로 아빠도 구덩이를 파 보았을까요?

– 히로에게 애벌레는 어떤 의미일까요? 히로가 애벌레와 나누고 싶었던 이야기는 무엇이었을까요?

– 히로는 애벌레가 되돌아가는 길은 온 길과 다른 길을 만들어갑니다. 이것은 어떤 의미일까요?

– 구덩이에서 히로가 본 나비는 무엇을 상징할까요?

– 히로의 아빠처럼 여러분의 조력자는 누구인가요?

– 애벌레와 나비를 보니 트리나 폴러스의 책 『꽃들에게 희망을』이 연상됩니다. 여러분은 어떤 그림책이 연상되나요?

2) 책의 아이

글 올리버 제퍼스, 샘 윈스턴 / **옮긴이** 이상희 / **비룡소**

질문

- 책의 아이와 비슷한 느낌의 책이나 생각나는 이야기를 소개해 주세요.
- '노래구름 위에 잠든다'는 내용이 나오는데요, 여러분은 어떤 노래 구름에서 잠들고 싶은가요?
- 나의 인생 책을 소개해 주세요!
- 나는 책을 읽을 때 어떤 곳에서 주로 책을 읽나요? 그곳에서 책을 읽는 특별한 이유가 있나요?
- 들어가보고 싶은 그림책 세상이 있나요?
- 책의 아이는 옛이야기 숲에서 길을 잃었다고 합니다. 여러분은 이야기숲에서 길을 잃은 적이 있나요? 만약 그런적이 있다면 어떤 이야기 숲이었나요?
- 여러분이 읽은 책 중에 가장 기억에 남는 책은 무엇인가요?
- 상상의 힘으로 떠 다니며 이야기 세상에서 온 책의 아이를 따라 어둠 속 보물을 찾으셨나요? 어둠 속 보물이란 어떤 것들을 말하는 걸까요? 그리고

보물에는 어떤 힘들이 담겨져 있을까요?

- 책의 아이가 옛이야기의 숲에서 길을 잃었다는 것은 무엇을 말하는 걸까요? 길을 잃게 만드는 것은 무엇이라고 여러분은 생각하나요?

- 책의 아이는 유령의 성에 사는 괴물에게 쫓겨다니기도 합니다. 유령의 성에 사는 괴물이란 무엇을 말하는 걸까요? 그리고 여러분이 쫓겨 다닌 괴물이 있다면 어떤 것들이 있었나요?

- "우리의 집은 새로운 이야기가 샘솟는 곳" 이라고 했는데, 자신에게 '이야기가 샘솟는 경험이나 사건'은 무엇이었나요?

- 앞 뒤 면지에 있는 책 제목 중 읽어본 책의 제목을 써보세요.

- 앞 표지 그림의 책과 뒤 표지 그림의 열쇠는 어떤 상징이 있는 걸까요?

- 이 책의 작가가 그림에 사용한 그림글자 기법을 무엇이라고 하나요?

- '책의 아이'를 읽은 느낌을 그림글자로 표현한다면, 어떤 글자들을 쓰고 싶나요?

- 책의 아이는 언제 태어났을까요? 만일 작명한다면 어떤 이름을 지어주고 싶나요?

- 책의 아이가 나를 만난다면 나에게 하고 싶은 말이 무엇일까요?

- 책의 아이처럼 특별한 아이를 여러분은 만난 경험이 있나요?

- 여러분이 책의 아이처럼 특별한 아이가 될 수 있다면 어떤 특별한 아이가 되고 싶나요?

- 만일 내가 책의 아이라면 지금 만나서 함께 여행하고 싶은 사람은 누구일까요?

- 자유로운 상상이 가능한 열쇠로 여러분은 어떤 상상의 책을 열고 싶나요?

- 소년이 책의 아이와 헤어진 후에 어떤 변화가 있었을까요?

- 여러분은 책의 아이와 함께 여행한 후에 어떻게 변화되길 희망하세요?

3) 뛰어라 메뚜기

글 다시마 세이조 / 보림

질문

- 가장 인상 깊은 장면 또는 내용을 소개해 주세요.

 - 메뚜기는 조그마한 수풀 속에서 날마다 숨어사는 것이 싫어졌어요. 금방 잡아먹힌다는 것을 알면서도 대담하게 햇볕을 쬐기 시작하는데요. 여러분은 이런 메뚜기의 모습을 어떻게 보았나요?

- 메뚜기처럼 두렵지만 "단단히 마음을 먹고" 무언가를 해 본 적이 있나요?

- 구름을 뚫고 뛰어오르던 메뚜기는 더 이상 올라갈 수 없게 되어 아래로 떨어질 때 한번도 써본 적이 없었던 날개가 생각나는데요. 날개는 메뚜기에게 어떤 의미였을까요?

- 여러분이 메뚜기의 날개 같은 것을 갖고 있다면 어떤 것을 가지고 있고 싶나요?

- 잠자리와 나비들은 메뚜기에게 "엉터리 날개 짓!" 이라며 비웃습니다. 하지만 메뚜기는 "자기 힘으로 날 수 있으니 정말 기쁘고 즐거웠다"는데요. 이런 메뚜기에게 어떤 말을 해주고 싶은가요?

- 메뚜기는 자신의 날개로 가고 싶은 곳을 향해 바람을 타고 멀리 날아갑니다. 그 후 메뚜기는 어떻게 되었을까요?

- 조그마한 수풀 속에 숨어 살던 메뚜기가 커다란 바위 꼭대기로 올라온다는 건 어떤 의미일까요?

- 두려움에 떨던 메뚜기가 바위 꼭대기에 오르고, 높이 높이 오르다 추락하는 순간 다시 날아오를수 있었던 힘은 어디에서 오는 걸까요?

- 메뚜기가 구름을 뚫고 높이 높이 올라갔지만 더 이상 올라가지 못한 이유는 무엇일까요? 그리고 더 이상 올라가지 못한다는 것을 깨달았을 때 메뚜기의 마음은 어땠을까요?

- 메뚜기가 멀리멀리 날아갔지만 그곳에도 무서운 녀석이 기다리고 있을지 모릅니다. 그렇다면 날아가기 전과 후는 어떤 차이가 있을까요?

- 황무지를 지나 멀리 멀리 날아가는 메뚜기에게 한 마디 한다면 어떤 말을 들려주고 싶나요?

- 내가 메뚜기처럼 뛰어 올라갔을 때는 언제 였나요?

- 나를 겁먹게 하고 몸을 사리게 하는 것은 무엇인가요?

- 메뚜기는 금방 남의 눈에 뜨여 잡아먹힌다는 것을 알면서도 커다란 바위 꼭대기로 나와 대담하게 햇볕을 쬡니다. 이런 메뚜기의 행동에 대해 어떻게 생각하세요?

- 메뚜기처럼 죽을 힘을 다해 뛰어본 적이 있나요?

- 메뚜기는 겁먹고 사는 자신의 삶을 돌아보고 그 세상을 벗어나려고 마음을 먹었습니다. 여러분도 자신이 만들어 놓은 삶의 틀에서 벗어나려고 한 적이 있나요?

- 메뚜기는 금방 눈에 뜨여 잡아먹힌다는 것을 알면서도 커다란 바위 꼭대기로 나와 햇볕을 쬐었습니다. 굳이 왜 그런 행동을 했을까요?

- 메뚜기는 날개가 있는 걸 알면서도 한번도 사용한 적이 없습니다. 여러분에게 메뚜기의 날개와 같은 것이 있다면 그것은 무엇이라고 생각하나요?

- 메뚜기는 자신의 힘으로 날 수 있다는 것이 정말 기쁘고 즐거웠습니다. 여러분도 메뚜기처럼 스스로 용기를 내어 도전한 일이 있나요?

- 메뚜기가 수풀 속에 숨어사는 이유는 무엇인가요?

- 메뚜기가 했던 '점프'와 '날개짓'의 상징적인 의미는 어떤 단어로 표현 할 수 있을까요?

- 나에게 뱀과 사마귀 같은 것들은 무엇인가요?

- 메뚜기와 뱀, 사마귀처럼, 강자와 약자의 관계에 있는 람들은 서로 친구가 될수 있을까요?

- 내가 작가라면… '메뚜기는 황무지를 지나서 멀리멀리 날아갔습니다'라는 마지막 문장을 어떻게 바꾸고 싶나요?

- 내 주변에 나를 잡아먹으려고 노리고 있는 대상이 있나요?

- 몹시 싫은 환경에 처할 때 여러분이 습관적으로 사용하는 방어기제는 무엇인가요?

- 내 안에 내재된 두려움을 직면해보셨나요? 그 두려움을 뚫고 나간 경험이 있나요?

- 내 안의 날개를 인지하기 위해서 절박한 상황 전개를 기대하시나요?

- 자유와 해방감을 만끽하는 순간 타인의 비웃음을 받는다면 어떻게 극복하시나요?

- 메뚜기가 멀리멀리 날아가서 도착한 곳은 어떤 곳일까요?

- 주인공 메뚜기가 빨강 메뚜기와 머리를 마주하고 있는 장면은 무엇을 의미할까요?

- 뛰어라 메뚜기처럼 자기이해와 자아실현 과정을 그린 그림책으로 어떤 것이 있을까요?

- 여러분의 심리적인 힘은 강, 중, 약 어느 쪽이라고 생각하셔요?

4) 곰씨의 의자

글 노인경 / 문학동네

- 곰씨는 불편해도 토끼들에게 말하지 못합니다. 당신도 그런 적이 있나요? 어떤 점이 불편했나요?

 무슨 이유로 말로 표현하지 못했나요?

- 나도 토끼처럼 다른 사람을 불편하게 한 적은 없을까요?

- 곰씨의 의자처럼 나만의 공간이 있나요? 있다면 나만의 공간을 만들기 위해 무엇을 노력했나요?

- 혼자만의 시간이 필요한 때는 언제인가요?

- 곰씨처럼 너무 힘들어 지쳐쓰러진 적은 언제입니까?

- 지쳐 쓰러졌다가 다시 일어나게 된 계기는 무엇입니까? 때론 나의 친절을 너무 당연하게 생각하기도 합니다. 친절의 범위를 어디에 두어야 할까요?

- 나는 나의 감정을 건강한 방법으로 잘 표현하고있나요? 혹은 상대방이 나의 감정을 알아채 주기를 기대하며 바라보고 있나요?

- 곰씨는 차를 마시며 음악을 듣다보면 마음이 평화로워 진다고 합니다. 여러

분은 언제 그런 마음이 드나요?

- 곰씨는 토끼 가족에게 자신의 공간을 침범당하면서도 솔직하게 말하지 못하고 끙끙 앓았습니다.

곰씨는 왜 솔직하게 말하지 못했을까요?

- 여러분은 등장인물 곰씨와 토끼 중 누구와 닮았다고 생각하나요?

- 〈곰씨의 의자〉처럼 나만의 공간이 있다면 무엇을 하고 싶으신가요?

- 곰씨는 어려움을 이겨내고 토끼들과 숲을 거닙니다. 그들의 관계는 어떻게 되었을까요?

- 곰씨는 차를 마시며 음악을 들으면 내적 평화를 누립니다. 여러분이 내적 평화를 누리는 방법은 어떤 것이 있나요?

- 곰씨는 지쳐 보이는 낯선 토끼에게 친절을 베푼 후에 자존감을 갉아먹는 나쁜 인내심의 결과로 가슴 앓이를 하게 됩니다. 여러분도 곰씨처럼 작은 친절이 큰 고통으로 다가왔던 경험이 있나요?

- 곰씨가 토끼에게 베푼 친절의 밑 마음은 무엇일까요?

- 여러분은 불편한 마음을 표현할 때 주로 어떤 의사소통의 유형을 사용하세요?

예) 회유형, 비난 형, 초이성형, 일치형, 이중 메시지...

- 곰씨의 의사소통 형식과 달리 여러분이라면 토끼와 갈등 상황을 어떻게 해결하고 싶나요?

- 곰씨는 결국 넓은 숲을 토끼들과 여유롭게 거닐게 됩니다. 곰씨가 자신의 의자에서 떠날 수 있었던 이유는 무엇일까요?

- 토끼 부부처럼 나의 경계를 무시하고 훅 들어오는 이웃이 주변에 있나요?

- 토끼 부부, 곰씨의 관계 맺기 중 여러분은 어느 쪽인가요?

- 토끼와 관계에서 곰씨가 깨달은 것은 무엇일까요?

- 탐험가 토끼를 만나 새로운 세상 이야기로 곰씨는 활기를 느끼게 됩니다. 여러분은 최근에 이런 경험이 있었나요?

5) 가드를 올리고

글 고정순 / 만만한책방

질문
────────

- 이 책을 읽고 떠오르는 사람은 누구인가요?
- 나로 하여금 가드를 올리게 하는 힘은 무엇인가요? 무엇이라고 생각하나요?
- 책 속 인물은 무엇을 위해서 산을 오르는 걸까요?
- 주인공이 산을 오르면서 지나온 곳은 어디어디인가요? 차례대로 찾아봅시다.
- '산'은 무엇을 의미할까요?
- 여러분 인생의 '산'은 무엇인가요?
- 여러분은 지금 '가드를 올리고' 있는 상태인가요?
- 여러분은 지금 산을 오르고 있나요? 아니면 내려오고 있나요?
- '커다란 바위'를 만난 적 있나요? 있다면 언제인가요? '커다란 바위'를 어떻

게 지나왔나요?

– 산을 오를 때 처음 선택한 길 말고 다른 길로 가는 것에 어떻게 생각하나요?

– '조금만 더 가자. 바람이 불 때까지' 라고 했는데 '바람' 은 무엇을 의미할까요?

– '더 이상 한 걸음도 못 걷겠어' 라고 했지만 '다시 가드를 올리고' 라며 자세를 취합니다. 이렇게 할 수 있는 힘은 어디에서 오는 걸까요?

– 삶의 순간순간 내 마음과 생각을 무너지게 하는 것은 무엇인가요?.

– 가드는 꼭 필요한 것일까요? 그 이유는 무엇인가요?

– 나만의 가드는 있다면 무엇인가요?

– 인생을 다른것으로 표현한다면 ?

– 가드를 들 힘조차 없을 때가 있었나요?

– 주인공은 바람이 불고나서 왜 또 다시 가드를 올렸을까요?

– 길을 잃었다고 생각할 때가 있었나요? 그때 당신은 어떻게 했나요?

– "가드를 올리고"를 읽고 나서 마음에 떠오르는 단어가 있나요?

– 주인공에게 해주고 싶은 말이 있다면?

– 여러분이 두려운 핵펀치는 무엇인가요?

– 여러분이 내적 면역력을 증강시키는 비법은 무엇일까요?

– 이 책과 어울리는 생각나는 속담이 있나요?

– 여러분은 문제를 해결할 때 자신을 채찍질하기와 성장 기회로 삼기 중 어떤 유형인가요?

• 토론하기 좋은 초중등 추천 도서목록

	나	우리	세상
초등 저학년	<걱정세탁소> <꽝 없는 뽑기 기계> <갈매기에게 나는 법을 가르쳐준 고양이> <축구왕 차공만> <돌 씹어 먹는 아이> <돼지가 한 마리도 죽지 않던 날> <마당을 나온 암탉> <곰씨의 의자> <민들레는 민들레> <이상한 나라의 정지오> <여우의 전화박스> <수호의 하얀 말> <줄무늬가 생겼어요>	<레기, 내 동생> <아주아주 센 모기약이 발명된다면?> <클로디아의 비밀> <샌드위치 바꿔 먹기> <멀쩡한 이유정> <나의 라임 오렌지나무> <샬롯의 거미줄> <아낌없이 주는 나무> <찰리와 초콜릿공장> <벽> <깜빡깜빡 도깨비> <가방 들어주는 아이> <안녕 우리들의 집> <토선생 거선생> <5대 가족> <라이카는 말했다> <책먹는여우> <사라 버스를 타다> <마레에게 일어난 일> <틀려도 괜찮아> <야쿠바와사자> <100만번 산 고양이>	<후쿠시마의 눈물> <바삭바삭 갈매기> <조선에서 가장 재미난 이야기꾼> <만국기 소년> <내 머리에 햇살 냄새> <커피우유와 소보로 빵> <모두 깜언> <나의 독산동> <감기 걸린 물고기> <방사능 마을의 오톨이아저씨> <밀양 큰 할매> <찬다삼촌> <플라스틱 섬> <책먹는여우> <사라 버스를 타다> <마레에게일어난일> <틀려도괜찮아>

나	우리	세상
초등 고학년		

나	우리	세상
<연어>	<키싱 마이 라이프>	<시애틀 추장>
<괭이부리말 아이들>	<개같은 날은 없다>	<살색은 다 달라요>
<푸른사자 와니니>	<킬리만자로에서 안녕>	<고릴라는 핸드폰을 미워해>
<꽃들에게 희망을>	<연을 쫓는아이>	<내 사랑 사북>
<두 배로 카메라>	<천개의 찬란한 태양>	<모두 깜언>
<콩가면 선생님이 웃었다>	<줄무늬파자마를 입은 소년>	<동물농장>
<복제인간 윤봉구>	<시간을 파는상점>	<마사코의 질문>
<롤러걸>	<위저드 베이커리>	<교과서에 나오지 않는 위험하고 위대한 여자들>
<모모>	<나미야 잡화점의 기적>	<안녕, 베타>
<어느 날 내가 죽었습니다>	<수상한 진흙>	<우리들의 일그러진 영웅>
<내 영혼이 따뜻했던 날들>	<스무고개탐정과 마술사>	<몽실 언니>
<이게 정말 천국일까>	<오즈의 의류수거함>	<지엠오아이>
<나의 라임 오렌지나무>	<1764, 비밀의 책>	<백두산 이야기>
<틀려도 괜찮아>	<시간 가게>	<초정리 편지>
<그냥, 컬링>	<도깨비폰을 개통하시겠습니까?>	<호랑이씨 숲으로 가다>
<사람은 무엇으로 사는가>	<핑스>	
	<공사장의 피아니스트>	
	<위저드 베이커리>	
	<뉴욕 쥐 이야기>	
	<행복한청소부>	
	<조지프의마당>	
	<곰인형오토>	

	나	우리	세상
중학생	<제인에어>	<나무를 심은 사람>	<그날의 메아리>
	<어린왕자>	<김약국의 딸들>	<멋진 신세계>
	<달과 6펜스>	<그날 고양이가 내게로 왔다>	<앵무새 죽이기>
	<인간실격>	<우리가 빛의 속도로 갈 수 없다면>	<1984>
	<오베라는 남자>	<허삼관 매혈기>	<회색인간>
	<홍당무>	<아몬드>	<미스 손탁>
	<페인트>	<기억전달자>	<체공녀 강주룡>
	<까칠한 재석이가 사라졌다>	<올썸머롱>	<까대기>
	<완득이>	<우아한 거짓말>	<빵과 장미>
	<팬티를 바르게 개는 법>	<어쩌다 중학생 같은 걸 하고 있	<피부색깔=꿀색>
	<삼파장 형광등 아래서>	을까>	<시인 동주>
	<데미안>	<열네살의 인턴십>	<칼의 노래>
	<싯다르타>	<너만 모르는 엔딩>	<소년이 온다>
	<호밀밭의 파수꾼>	<너의 췌장을 먹고 싶어>	<눈먼자들의 도시>
	<노인과 바다>	<유진과 유진>	<나의 첫 젠더수업>
	<베니스의 상인>	<백설공주는 왜 자꾸 문을 열어줄	<누나의 오월>
	<연금술사>	까>	<저 청소일 하는데요?>
	<체리새우:비밀글입니다>	<키싱 마이 라이프>	<저고리 시스터즈>
	<나에 관한 연구>	<그 사람을 본 적이 있나요?>	<거기, 내가 가면 안돼요>
	<모리와 함께한 화요일>	<밀레니얼 칠드런>	<박지원, 열하로 배낭여행
	<케빈에 대하여>	<한스푼의 시간>	가다>
	<나의 아름다운 정원>	<개를 훔치는 완벽한 방법>	<내 이름은 욤비>
	<수일이와 수일이>	<길거리가수새미>	<커피우유와 소보로빵>
	<변신>	<필경사바틀비>	<동물농장>
		<외투>	

토론이 쉬워지는《도란도란 그림책 질문 45》를 소개합니다

그림책 질문카드는 ㈜더즐거운교육의 최지영 대표와 김소라 작가가 함께 만나 제작한 토론용 도구입니다. 그림책으로 토론하기 좋은 질문 45장을 수록해 놓았으며, 토론을 쉽게 시작할 수 있는 카드입니다. 그림책 질문카드 하나만으로도 토론이 원활하게 이뤄집니다. 자연스럽게 질문하고 생각하는 힘을 기를 수 있습니다.

도란도란 그림책 질문카드와 여러 가지 질문

〈질문카드 활용법〉

1) 책을 읽고 난 후 질문카드를 한 장 뽑아서 서로 이야기를 나눕니다. 서로 뽑은 질문을 읽고, 자기 생각을 이야기하는 기본적인 활용 방법입니다.

2) 질문카드 주사위놀이 : 36장의 질문카드를 6×6칸으로 늘어놓은 후 주사위를 던져 가로×세로에서 나온 숫자의 질문카드를 뒤집어 이야기나눕니다. 주사위를 던져서 나온 우연의 숫자가 질문카드 놀이를 재미있게 합니다.

3) 질문카드+도란도란카드: 질문카드에 대한 대답으로 도란도란 스토리텔링 카드의 그림으로 대답을 하며 자신의 생각을 이미지화하는 것입니다.

도란도란카드를 활용한 생각 이미지화하기

4) 유사질문 만들기 : 질문카드를 뽑은 후 비슷한 질문으로 바꿔보는 활동을 할 수 있습니다.

● 구입 문의 : 김소라 작가의 블로그(blog.naver.com/sora7712) or 책방 '랄랄라하우스'(sora7712@naver.com)로 문의주세요.

도서출판 이비컴의 실용서 브랜드 **이비락**⑯ 은 더불어 사는 삶에 긍정적인 변화를 가져다 줄 유익한 책을 만들기 위해 끊임없이 노력합니다.

원고 및 기획안 문의 : bookbee@naver.com